图解汉字起源

王祥之 著

图书在版编目(CIP)数据

图解汉字起源/王祥之著.—北京：北京大学出版社，2009.10
ISBN 978-7-301-15756-5

Ⅰ.图… Ⅱ.王… Ⅲ.汉字—字源—研究 Ⅳ.H12

中国版本图书馆CIP数据核字(2009)第167124号

书　　　　名：	图解汉字起源
著作责任者：	王祥之　著
责 任 编 辑：	高秀芹　梁　勇
插　　　图：	王惠祥
电脑制作：	许　敏
标 准 书 号：	ISBN 978-7-301-15756-5/H·2313
出 版 发 行：	北京大学出版社
地　　　址：	北京市海淀区成府路205号　100871
网　　　址：	http://www.pup.cn
电　　　话：	邮购部 62752015　发行部 62750672　编辑部 62750112　出版部 62754962
电 子 邮 箱：	pw@pup.pku.edu.cn
印 刷 者：	三河市腾飞印务有限公司
经 销 者：	新华书店
	787毫米×1092毫米　16开本　33印张　516千字
	2009年10月第1版　2021年12月第9次印刷
定　　　价：	60.00元

未经许可，不得以任何方式复制或抄袭本书之部分或全部内容。
版权所有，侵权必究　举报电话：010-62752024
　　　　　　　　　　　电子邮箱：fd@pup.pku.edu.cn

所有汉字都源于物形

——王祥之

序

  文字的创造，是人类绵延进步的第一要事。

  据说人类在地球上生存了两百多万年，这是一个很沉重又空洞的数字。在这数字中尾数短短数千年时光里，人类才开始创造各自的文字，才开始空前快速绵延进步。这个进步的速度，惊人地自我进化成极具智慧与情性的思想者。

  人类生存发展，总得顺应自然，各依所在地域气候、山川形势，因地制宜，向未来演进，全在于人的大脑及其眼耳鼻舌身的综合启动，一步步去认识宇宙间包罗万象的动态规律。而这一切，均归移到语言，尤其是记录这语言的文字。世界便呈现出众多民族文明史的各自起步，也才有可能继之以各自文明的繁荣昌盛，熠熠生辉。这是人类自己拯救自己的一次大飞跃，从此摆脱愚昧也就摆脱了沉重与空洞，灵性独耀，走到今天。

  创造汉字的这一民族的文化智慧，在人类文明史中，确是独到。从甲骨金文，到隶楷行草，一路走来，以象形为内核的基因不变，繁衍生息，悠然前行。对汉字这一"独到"的认识，今天比早先更被关注，而未来比今天还将普世。

  这古老文字之一的汉字，是距今约四千年前刻在龟甲与兽骨上的象形文字。显然出自先人感性思维形态，因果转化，反过来又以这形态为载体，在表现与抽象基础上，感性伴理性，形象入思维，如此这般开拓着我华夏民族独擅胜场的物质与精神文明，也对世界文明作出贡献。

  有别于拼音文字的象形文字，我们的先人，于生存环境的互动中，不断创造着呈现人与环境生动形迹的文字。以物形为依归的文字，其活络之想象，千变万化而玄奥可鉴，无所不包；五千年中华文明由此美妙文字牢牢奠定。这是一种再现自然印象，注重自然规律，注重人与万物关系，人与人群，及人自身规律的文字。

汉字之美，美在形态，美在形态中所蕴含事物的灵性，它作用于人的心扉，见字生画境，刺激感觉，渗出滋味，引动性情，甚至发而为诗。每一个字，并非象形即美，而是在美的多创性中终于定型。

文字起源的准确解读是非常重要的，且这种解读过程大大有助于学习汉语言文字。现在，以"祥隶"名世的王祥之先生，倾其对各种书体探赜索隐的深厚功底，历时十载，向国人贡献出这部《图解汉字起源》，按照物类把汉字归纳分类，详细解读了一千多古文字的造字与演变过程及造字五法、汉字中的形符、声符等问题，提供了探索文字起源的一种思维范式，图文并茂，趣味幽眇，值得玩味。是为序。

艾若

二零零八年秋月

著者的话

一. 本书旨在解读汉字的起源，帮助读者了解汉字各组成部分的属性及造字规律，无意做字典使用，故所收甲骨文、金文不全，特别是生僻字未收入。

二. 为了便于说明问题，书中各节所重点介绍的汉字，采取以繁体字为主，加括号注释简体字（或异体字）的形式，正文仍用简体字。

三. 根据所释汉字的需要，个别汉字在不同部首中重复出现。

四. 本书中所解读的汉字，重点解释其在古文中的意思，即原义，而对其他意义，因与汉字的本源关系较远，故未一一列出。

五. 本书所列举的汉字其甲骨文、金文多有不同写法，本书只择其常见的、有代表性的写法，不是唯一的写法，对其他写法，因篇幅所限，不能全部收录。

六. 北京大学出版社古文字学家胡双宝先生对本书作了详尽的校勘。本书的出版也得到徐和明、葛东升、王庆伟等诸位友人的大力支持，在此一并表示感谢。

七. 本书中部分图片来自电脑下载和图书资料，不能详列出处，在此谨表谢忱。由于本人对古文字研究尚有不少欠缺，书中如有不妥之处，还望诸位仁人贤士不吝赐教。

王祥之

2009年2月6日

目 录

序
著者的话

第一编　汉字的部类 / 1

一. 人形篇 / 3
1. 侧面立姿人(一)——人部 / 5
2. 侧面立姿人(二)——亻部 / 6
3. 正面立姿人——大部 / 12
4. 跪姿人——卩部 / 17
5. 蹲姿人——尸部 / 18
6. 伏姿人——勹部 / 20
7. 女人——女部 / 21
8. 小孩——子部 / 26
9. 胎儿——巳部 / 29
10. 老人——耂部 / 30
11. 众人——乑部 / 32

二. 特殊人形篇 / 33
1. 张口的人——欠部 / 35
2. 扭头的人——旡部 / 36
3. 用目观看的人——見(见)部 / 37
4. 强调头的人——儿部 / 39
5. 倒姿人——屰部 / 42
6. 站在土堆上的人——壬部 / 43
7. 病人——疒部 / 44
8. 死人——歹部 / 45
9. 罪人——黑部 / 47
10. 戴面具的人——鬼部 / 47
11. 被火烧的人——堇部 / 49

三. 头及五官形篇 / 51
1. 头(带人体)——頁(页)部 / 53
2. 头——首部 / 56
3. 眼——目部 / 57
4. 眼(竖式)——臣部 / 59
5. 耳——耳部 / 61
6. 鼻——自部 / 63
7. 嘴——口部 / 64
8. 嘴(向下)——厶部 / 68
9. 舌——舌部 / 70
10. 眉——眉部 / 70
11. 牙齿——齿部 / 71
12. 毛发——髟部 / 72
13. 脸面——面部 / 73

四. 手形篇 / 75

1. 正面手(一)——手部 / 77
2. 正面手(二)——扌部 / 78
3. 侧面手(一)——又部 / 81
4. 侧面手(二)——寸部 / 84
5. 朝下的手——爪部 / 87
6. 手和臂——勹部 / 89
7. 曲指的手——丑部 / 90
8. 握器物的手——聿部 / 91
9. 人及双手——丸部 / 93
10. 双手在下(一)——廾部 / 94
11. 双手在下(二)——六部 / 96
12. 左右双手——癶部 / 98
13. 左右四手——具部 / 99
14. 双人双手——鬥部 / 100

五. 足形及行走篇 / 101

1. 腿(一)——足部 / 103
2. 腿(二)——疋部 / 104
3. 脚——止(一)部 / 105
4. 脚(表示向前走)——止(二)部 / 106
5. 脚(表示向回走)——夂部 / 108
6. 双脚在上(表示向上走)——癶部 / 109
7. 人加双脚(强调足部运动)——舛部 / 110
8. 人、脚(动符)——走部 / 111
9. 道路(动符)(一)——行部 / 112
10. 道路(动符)(二)——彳部 / 113
11. 一脚在路上(动符)(一)——辶部 / 115
12. 一脚在路上(动符)(二)——廴部 / 122

六. 身心骨臂形篇 / 123

1. 身——身部 / 124
2. 心(一)——心部 / 125
3. 心(二)——忄部 / 127
4. 心(三)——小部 / 130
5. 骨——骨部 / 131
6. 臂——力部 / 131
7. 臀部——臼部 / 134
8. 雄性生殖器——士部 / 136

七. 语音篇 / 137

1. 语言——言部 / 138
2. 声音——音部 / 140

八. 衣着形篇 / 143

1. 衣(一)——衣部 / 144
2. 衣(二)——衤部 / 146
3. 巾——巾部 / 147
4. 帽——冃部 / 149
5. 丝线——糸(纟)部 / 150

九. 炊事篇 / 155

1. 食——食部 / 156
2. 火——灬部 / 157
3. 米——米部 / 160
4. 麦——麦部 / 161
5. 黍——黍部 / 163
6. 瓜——瓜部 / 164

十. 器皿形篇 / 165

1. 器皿——皿部 / 167
2. 盛食物的器皿(一)——豆部 / 171
3. 盛食物的器皿(二)——皀部 / 172
4. 酒尊——酉部 / 173
5. 酒具——角部 / 174
6. 陶器——缶部 / 175
7. 瓦(陶器)——瓦部 / 177
8. 煮肉炊具——鼎部 / 179
9. 煮饭炊具——鬲部 / 180
10. 舀酒具——斗部 / 181
11. 饭勺——匕部 / 182
12. 勺——勺部 / 183

十一. 日常物品形篇 / 185

1. 扫帚——帚部 / 187
2. 箕子——其部 / 188
3. 臼——臼部 / 190
4. 杵——午部 / 190
5. 床——爿部 / 192
6. 笔——聿部 / 193
7. 竹简——册部 / 194
8. 匣——匚部 / 196
9. 口字形物体——囗部 / 197
10. 木片——片部 / 199

十二. 财宝形篇 / 201

1. 金属——金部 / 202
2. 玉——王部 / 204
3. 古钱币——貝(贝)部 / 206

十三. 房屋形篇 / 211

1. 人口居住地——阝(邑)部 / 213
2. 房屋(侧面)——广部 / 214
3. 房屋——宀部 / 217
4. 房顶——亼部 / 224
5. 门——門(门)部 / 226
6. 一扇门——户部 / 228
7. 窗——囱部 / 229
8. 亭类建筑顶部——亠部 / 230
9. 仓库——㐭部 / 232

十四. 工具形篇 / 233

1. 农耕具——耒部 / 234
2. 蚌镰——辰部 / 235
3. 锛斧——斤部 / 236
4. 船——舟部 / 238

5. 车——車(车)部 / 239
7. 捕兽具——畢(毕)部 / 243
6. 网——网部 / 241
8. 工字尺——工部 / 244

十五. 祭器形篇 / 247
1. 供桌(一)——示部 / 248
2. 供桌(二)——礻部 / 249

十六. 乐器形篇 / 253
1. 鼓——壴部 / 254
3. 乐器庚——庚部 / 256
2. 排箫——龠部 / 255

十七. 兵器形篇 / 259
1. 刀(一)——刀部 / 261
3. 戈——戈部 / 263
5. 钺——戉部 / 267
7. 盾——盾部 / 269
9. 箭——矢部 / 271
11. 旗——方部 / 274
2. 刀(二)——刂部 / 262
4. 斧——戊部 / 266
6. 矛——矛部 / 268
8. 弓——弓部 / 270
10. 干(武器)——干部 / 273

十八. 持械形篇 / 277
1. 手持械(打击符)(一)——殳部 / 278
2. 手持械(打击符)(二)——攵部 / 280
3. 手持械(打击符)(三)——攴部 / 284

十九. 刑具形篇 / 285
1. 曲刀(表示罪人)(一)——辛部 / 286
2. 曲刀(表示罪人)(二)——立(辛的省写)部 / 287
3. 手铐——幸部 / 289
4. 绳索——糸部 / 290

二十. 动物形篇 / 291
1. 牛——牛部 / 294
3. 猪——豕部 / 298
5. 狗(一)——犬部 / 302
7. 狐——狐部 / 306
9. 虎——虍部 / 308
11. 熊——能部 / 311
2. 羊——羊部 / 295
4. 马——馬(马)部 / 299
6. 狗(二)——犭部 / 303
8. 鹿——鹿部 / 307
10. 豹类——豸部 / 310
12. 象——象部 / 312

13. 龙——龍(龙)部 / 313
15. 鼠——鼠部 / 315
17. 蛙类——黾部 / 316
19. 鸟(二)——隹部 / 318
21. 虫——虫部 / 322

14. 兔——兔部 / 314
16. 龟——龟部 / 315
18. 鸟(一)——鳥(鸟)部 / 316
20. 鱼——魚(鱼)部 / 321

二十一. 肉皮革角毛羽篇 / 325

1. 肉——月部 / 326
3. 皮革——革部 / 329
5. 毛——毛部 / 331

2. 皮——皮部 / 328
4. 兽角——角部 / 330
6. 羽毛——羽部 / 331

二十二. 植物形篇 / 333

1. 草——艹部 / 334
3. 带刺的树——朿部 / 342
5. 竹——竹部 / 346

2. 树木——木部 / 337
4. 禾——禾部 / 343

二十三. 地形篇 / 349

1. 山——山部 / 352
3. 山崖——厂部 / 358
5. 山谷——谷部 / 360
7. 冰——冫部 / 370
9. 田地——田部 / 375
11. 围栏疆界——囗部 / 378
13. 坑——凵部 / 382

2. 山(升降符)——阝(阜)部 / 354
4. 石——石部 / 359
6. 水——氵部 / 361
8. 土——土部 / 371
10. 沙——小部 / 377
12. 洞穴——穴部 / 380
14. 井——井部 / 383

二十四. 天象篇 / 385

1. 太阳——日部 / 386
3. 星——星部 / 392
5. 雨——雨部 / 393
7. 气——气部 / 399

2. 月亮——月部 / 389
4. 风——風(风)部 / 393
6. 火——火部 / 396

二十五. 隐形物篇 / 401

1. 色彩、花纹、声音、光彩——彡部 / 402
3. 进入——入部 / 405

2. 分开——八部 / 403

第二编　造字五法 / 405
　一. 象形造字法 / 406
　二. 合意造字法 / 420
　三. 指事造字法 / 428
　四. 形声造字法 / 432
　五. 假借造字法 / 453
　附：特殊造字法 / 463

第三编　古文字的演变 / 467
　一. 分化 / 468
　二. 繁化 / 471
　三. 简化 / 476
　四. 异化 / 482

音序检字表 / 497

结束语 / 513

主要参考书目 / 515

第一编 汉字的部类

　　伟大的炎黄子孙用他们的智慧创造了数以万计的汉字。浩瀚的汉字如何给人一种条理清晰、易懂、易记、易检索的便利，汉字的分类则是必须的。按传统的以汉字的笔画或音序分类只能检索到此字，不能明了汉字的属性。以偏旁、字头分类可以部分明了汉字的属性，而以汉字的原始属性分类才能真正清其源、明其义。如：交（ ），不放在"亠"部，而放在人形篇——"大"（ ）部，因为"大"是正面站立的人形，而"交"是正面站立之人交叉着双腿。如："之"（ ）不放在"、"部，而放在"止"部，"之"的本意是往，是前往之往，字形由止（ ）和出发地即"一"构成，其字形和字义均与止（即足）有关，所以放在足及行走篇——止部。

　　本书依据社会和自然界的物形，将汉字分成二十五篇共203部。汉字的本源是物形，所以汉字的属性实质上就是物的属性，以物的属性划分汉字的属性，就抓住了汉字的本源，就便于理解字义，便于记忆。

商.甲骨

  甲骨文 是商代使用的文字，距今已有三四千年的历史。甲骨文是刻在龟甲或兽骨上的文字，故名甲骨文。商代先民笃信鬼神，大小事都要占卜，占卜就是烧灼龟甲或兽骨，看甲骨上出现的裂纹走向以判断凶吉，占卜结果及其有关时间、事宜等便刻在带有卜兆的龟甲或兽骨上，所以甲骨文的内容称为卜辞。除商代甲骨文外，近年来又出土了一批西周时期的甲骨文。甲骨文是中国现存的最古老的文字，大约有四千五百个单字，可识者约三分之一。

  图为河南安阳出土的商代武王时期刻在牛胛骨上的卜辞，记录了商王武丁祭祀仲丁和乘车狩猎等内容。

一 人形篇

类别	图 形	甲骨(金)文	部首	有关字例
侧面立姿人		𠂉	人	人、介、企
			亻	化、休、比、保、何、伐、付、侃、信、伏、咎、并、便、傳(传)、皆、備(备)、使
正面立姿人		大	大	大、文、天、夫、去、交、立、夾(夹)、並(并)、美、無(无)、央、奇、喬(乔)、爽、奎
跪姿人			卩	印、即、卿、叩
蹲姿人			尸	尸、居、尾、尿、屎、屄

图解汉字起源

类别	图 形	甲骨(金)文	部首	有关字例
伏姿人			勹	匍、俯、鳧(凫)
女人			女	女、母、好、妻、妹、娩、妾、姓、婢、娶、后、娘、奴、始、姬、姪(侄)、妄、娥
小孩			子	子、孔、乳、字、孕、孫(孙)、毓、學(学)、孟、挚
胎儿			巳	巳、包
老人			老	老、考、長(长)、孝、壽(寿)、耋
众人			乑	衆(众)、聚

文字的产生，来自人类为记录自己生产和生活的需要。与文字息息相关的首先是人类本身，所以人必然是文字创造的首要对象。

人可分男人和女人、大人和小孩，人在社会生活和生产劳动中扮演不同的角色，有不同的姿势，本篇介绍由形形色色的人形构成的文字。

1. 侧面立姿人（一）——人部

人

甲骨文人（），像人侧立之形。人侧立时，仅见其躯干及一臂，是象形字。金文人，与甲骨文无大变化。隶书人字，便失去象形，因为隶书是横式，所以由站立的人变成躺倒的人了，但仍可见头、臂、身三部分。

介

介，指古时铠甲。《史记》："介胄生虮虱。"

甲骨文介（），会意字，由人（）和甲片"丨丶"构成。会意人着衣甲为介。古时甲用革制成，将革片联在一起为甲，甲即介。

企

企，企盼。

甲骨文企（ ），像踮脚而望的人（ ）形，强调了止（ ）的动作。止、脚同义。后来在传写过程中，止（ ）与人体分离。成为"人"在"止"上。

2. 侧面立姿人(二)——亻部

亻　甲骨文人（ ），为侧面站立的人形，在作部首时大部分演变成"亻"，置于字的左侧。

化

甲骨文化（ ），像一正人（ ）一反人（ ），会意为变化。金文化（ ），将反人讹变为匕（ ），遂失去了正反变化的意味。

休 甲骨文　休 金文　休 隶书

休，休息。

甲骨文休（休），会意字，像一人（亻）倚靠着树木（木），会意为休息的休。

比 甲骨文　比 金文　比 隶书

比，并列，排列为比。

甲骨文比（比），像两人并列而行。古文比（林）写作两个正面站立之人，可见"比"为侧面人形。为区别从（从），"比"与"从"方向相反。

保 甲骨文　保 金文　保 隶书

甲骨文保（保），会意字，像一个大人背负一个幼儿（子）之形，在古代，把幼子背在背上就叫"保"。保，也有养育之义，《说文》："保，养也。"金文保（保），已把背抱幼儿的臂，脱离了身体，成为示意性的一撇，仍有托起幼儿之意。而隶书保字右半之"呆"，实即"子"的变异。

何

甲骨文何(𠂇)，像人(亻)用肩扛着一工具，有一种说法是扛着戈(𠂇)，为会意字。古文"何"同"荷"，如陶渊明《归园田居》诗："种豆南山下，草盛豆苗稀。晨兴理荒秽，带月荷锄归。"荷锄即扛着锄。金文何(𠂇)，人虽在，但已变形，右加"可"字为声符，成了形声字。作为疑问代词如何人何事，只是借音，与本义无关。"何"被借走后，又加形符"艹"造荷字。小篆仍写作"何锄"，与荷花之荷有别。

伐

攻打为伐。

甲骨文伐(𢦏)，由一人(亻)一戈(𠂇)组成。戈为古代兵器，像以戈击人之形，戈锋穿过人颈部，表示有杀伐的举动。

付

给予他人钱物为付。

金文付(𠂇)，会意字，由人(亻)和拿着物的手(又)构成，手将物送人为付。

侃 金文 小篆 隶书

金文侃（），由人（）、口（）、水（）构成，会意口若悬河为侃。引申为说话从容不迫，理直气壮。

信 金文 小篆 隶书

金文信（），会意字。由人（）和口（）构成，口能发音为言，人遵守其言为信。后人将口写成言，则更明了。

伏 金文 小篆 隶书

《说文》："伏，伺也。"伺即守候、等候的意思。

金文伏（），会意字，由人（）和犬（）构成，意即犬等待主人归来为伏。

咎 甲骨文 金文 小篆 隶书

咎，凶祸，罪过为咎。

甲骨文咎（），由人（）和止（）构成，在甲骨文中带足（止）的人，一般足是连在人体上的，而咎则是人、足分离。金文咎

(𤰇)，人(𠂉)呈俯势，双止(𣥂)在器物"凵"上，会意此人双足被砍下，是有罪有灾之义。

并 甲骨文　并 金文　并 隶书

并

甲骨文并(并)，会意字。由侧立的两个人(竹)和一连线"一"构成，意即两人相并立。并与並通用，並(並)为两个正面人形立于地面上，其义与并完全相同，是两种不同的构字方式。

便

金文便(便)，形声字，以人(亻)为形符，更(更)为声符，更(更)为鞭的初文，"便"为更的繁构，"便"的意思是鞭。后更、便分别被借为他用，才用形声造字法再造鞭字，鞭以皮条制成，故以革为形符，便为声符。更、便、鞭为同源字。

傳(传)

金文傳(传)(傳)，形声字。传递要用人，故以人(亻)为形符，專(專)为声符。

皆

皆为偕的初文，偕即同，皆也即同的意思。

甲骨文皆( )，会意字。像两只虎( )置于台( )上，虎为捆绑双腿的虎或指死虎，双虎会意为皆。金文(二)皆( )，因虎写起来繁杂，遂将虎置换为两个人“ ”，小篆演变为比( )，比，也是双人。而口( )、甘( )、白( )均非字的本义，而是由“口”一类物的象形演变而来。

備（备）

備(备)，防备、预备、武备之备。

甲骨文備(备)( )，会意字，由人( )和箭筒“ ”构成，“ ”古文写作箙，为利用竹或兽皮做成的盛箭的筒，人背箭筒会意有備(备)，有备则无患。金文備(备)( )，箭和箭筒演化为 。

使

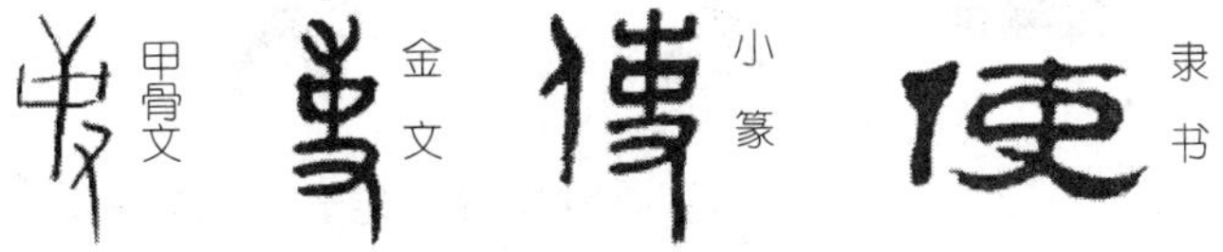

使，甲骨文借事( )为使。事本即以手( )持干( )捕猎。至小篆增人( )，以人持干捕猎。使与事字形有别，遂分成两个不同的字。使与事、史、吏为同源字。

3. 正面立姿人——大部

甲骨文大()，象形字，像一个人正面而立的样子，与像幼儿之形的子(🧒)相对，其本意为大人，引申为与小相对的大小之大，金文亦同。

文，即文身之文。

甲骨文文()，像一个人正面站立的样子。胸前之"×∨∧∪⌒"均为刺画的花纹。文又引申为华丽、美、善。

甲骨文天()，下部是一个正面的人(大)，人头上之"二"，在甲骨文中为"上"字，表示人之上为天。金文也是人字上面有一大头形，实际则指人之上为所戴之天。隶书将人形"大"上加一横，一横即表示"天"。

夫

 甲骨文   金文   隶书

甲骨文夫（ ），与大、天本为一字，本均为正面人（ ），意即大人之大，后逐渐演化为三个字。天（ ）强调人头上所戴为天，" "在人头上加一横，本也是表示人头部的位置，后变化为"夫"字。所以夫的本义也是人，如：丈夫、夫子、匹夫等。

去

甲骨文   金文   隶书

去，人离去。

甲骨文去（ ），会意字，像一个人（ ）跨越一物"口"而离去，此物可能是门坎、坑穴之类。

甲骨文   金文   隶书

交，交叉。

甲骨文交（ ），象形字，像一个正面之人，两腿交叉站立的样子。引申为交错、交往等义。

交

甲骨文   金文   隶书

立

甲骨文立（ ），像一正面之人（ ）站立在地面，人就是"大"，"一"表示所立之地。

夾（夹）

甲骨文夾(夹)()，像一个人（大）两腋下夹持二人""之形。隶书"大"即人，"大"字左右各一人，其字形和字义一直未变。

並（并）

甲骨文並(并)()，像两个正面站立之人（大）並(并)立之形。金文亦如此。而并()，是两个侧立人()并列的样子，两字同义，只是构字方式不同，现统一简化为"并"。

美

甲骨文美()，像一个正面站立之人（大）头上带有羽毛""或羊角形""，古人以此为美。

無(无)

甲骨文無(无)(），本为舞字，像一正面站立之人( )，左右手各持一道具"木"在舞，隶书中的四点，便是由舞者的双足和舞具简化演变而来。無(无)被借为有无之无以后，将人加双"止"造出强调双足在跳舞的舞(）。無、舞遂分为两字。

央

甲骨文央( )，是祸殃之殃的本字。由正面站立之人( )和枷"凵"构成，会意人带枷是有祸殃。罪人带枷，头在枷的中央，所以又引申为中央之意，后来央被引申义专用，遂又用形声法造殃字。

奇

奇为骑的初字。

甲骨文奇( )，会意字，像一人( )骑着一马( )。小篆奇( )，将马讹变为"可"，借音为奇异之奇，遂再用马做形符，以奇为声符，造骑字，奇、骑分成两字。

喬(乔)为跷的初字。《说文》："跷，举足行高也"，意思是抬起脚在高处行走，如踩高跷。喬(乔)、跷分离后，喬(乔)便引申为高，如喬(乔)木。甲骨文喬(乔)，会意字，由企和高构成。"企"就是强调足部动作的人，此人在高处行走，会意为喬。金文喬(乔)，将强调足部运动的人形""简化为足()，其义不变。小篆喬(乔)将足()形，改写成人()形，人与高合写。

爽，作明亮讲，引申为开朗、清凉。

金文爽，会意字。由人即大()和"✕✕"构成，"✕✕"表示缝隙大而透光，会意为通风明亮即为爽。

奎，两腿之间为胯。胯，古文中称奎。

金文奎，形声字，以大()为形符，大()为正面人形，下像两腿。在大字撇捺之间加声符圭()，恰好指明了"奎"即指人的两腿之间。

4. 跪姿人——卩部

跪姿是古人在室内的习惯姿态，在就餐和会客时都采用跪姿，双膝着地、上身挺直，相当于现在的坐姿。跪姿人在做部首时演变成"卩"。

甲骨文 金文 隶书

甲骨文印（ ），像一手（ ）向下按一人（ ），使其跪下。金文印（ ），人的跪姿状已不明显，隶书则把手和人分开了。"印"本是按的意思，"印章"即"按章"，印是动词，章是名词。后来印和章均作为名词使用，唯独书画界，不说"用印"而讲"用章"，这是合乎字理的。

甲骨文 金文 隶书

甲骨文即（ ），像一人（ ）跪坐面向一盛食物的器皿" "，表示此人在就餐。此器物为簋，圆肚、敞口、圈足，内盛满食物。古时"即"字作吃饭、就餐讲。现多半作为表示相承的连词，表示时间相连的副词等。

（详见172页）

叩，叩头，引申为敲击。

甲骨文叩（ ），形声字，叩头则以跪姿之人（ ）为形符，口（ ）为声符。

5. 蹲姿人——尸部

尸，本义为蹲姿人，蹲姿人与站姿人主要区别是蹲姿人的腿是弯曲的（与坐姿、跪姿也不相同）。所以甲骨文尸（ ）与人（ ）的主要区别是尸（ ）字的下部笔画是弯曲的。人在大、小便时是蹲姿，所以屎、尿等与臀部有关的字多以"尸"做形符。

居，本即踞，作蹲讲，如虎踞龙盘。《说文》："居，蹲也。"段玉裁注："凡今人蹲踞字，古只作居。"

金文居()，由蹲姿人尸()和"古"构成，后世居被借为居住之居。

尾

甲骨文尾()，像一个人()臀部有一个带毛()的尾巴，尾巴可能是古人在臀部的一种饰物，如上古时，仆人就有尾饰。隶书将"尾巴"写成了毛。

尿

甲骨文尿()，像一人侧身站立撒尿的样子。人()前的小点，即为尿水。小篆将尿写成尾()下有水()。而隶书尿字去掉毛()，改为蹲姿人"尸"下有水，其结构才趋于合理。

屎

甲骨文屎()，会意字，像人()遗屎状。人臀部小点""表示为粪便。隶书尸下写作米，米即小点演变而来。

孱

孱，作"弱"讲，如孱弱。

金文孱()，会意字，由蹲姿的人()和三子()构成，像一人连生三子，会意身体虚弱。

6. 伏姿人——勹部

勹

伏姿人(九),在做部首时演变成"勹","九"在做声符时读音fú,即伏字。

匍

金文 小篆 匍隶书

匍,匍匐、爬行。

金文匍(匍),形声字,以伏姿的人(勹)为形符,甫(甫)为声符。小篆匍(匍),将伏身的人写成包"勹"式,其形已渐失。

俯

金文 小篆 俯隶书

俯,屈身低头为俯。

金文俯(俯),形声字,以伏姿的人(九)为形符,府(府)为声符。小篆俯(俯),将俯身的人(九)移至字左,写成直立的人(亻)。

凫(鳬)

金文 小篆 凫隶书

凫(鳬),就是野鸭。

金文凫(鳬)(凫),形声字,以隹(隹)为形符,隹就是鸟,伏姿人(九)为声符。

7. 女人——女部

女

甲骨文女(𛰽)，也是一个人形，像屈膝跪姿，双手交叉放在胸前的女人，这是商周时代的妇女在室内常见的姿态，有别于在田里做体力劳动的男人。隶书的女字，实际上是金文旋转了九十度，竖立的躯干变成了一横，仍然是一个象形字的变异。

母

甲骨文母(𛰽)，与"女"本为一字。女字中加两点，表示女子乳房，也是女子的特征，后把加两点的"女"作为母，遂分为母、女二字，并各为专用。

好

甲骨文好(𛰽)，为一个女子(𛰽)抱一幼子(𛰽)之形，有美好之意。金文好(𛰽)，女与子已分离，失去了怀抱之意。

妻　甲骨文妻(🐾)，像一只手(🖐)抓住一女子(🐾)长发(🌀)之形。据传，上古时代有掳掠妇女为妻的风俗，甲骨文即此掠夺婚姻的反映。小篆妻(🐾)虽字形已变，但女子、长发、手三部分仍可见，手抓在女子的颈部。

妹　甲骨文妹(🐾)，为形声字，以女(🐾)为形符，末(🐾)为声符。形声字在汉字中是最多的，这也是最简单最明了的造字法，试想，姐、妹、姑、姨等均为女性，若象形或会意则表示不清楚，所以此类字，均为形声字，用不同的声符表示不同的含义，指示不同的对象。

娩　挽同娩，妇女生小孩为分娩。

甲骨文娩(🐾)，会意字，"🐾"为产门，"🐾"为双手，"🐾"为小孩头，会意双手向外以助产妇生子。后改为形声字，以子为形符，免为声符，或以女为形符，免为声符，同义。

妾　甲骨文　金文　隶书

妾，古代女奴隶。

甲骨文妾，会意字。由女和辛构成，"辛"为古代在罪人面部刺字的一种刑刀，"辛"加在人头上，做为有罪的标识，"辛"加在鸟头上，则作为冠状羽的象形。

姓　甲骨文　金文　隶书

甲骨文姓，会意兼形声字，人由女而生，生而赐姓，所以姓的形符为女，生为声符，"生"即小草生出地面之形。金文姓，形符为人，女、人同义。

婢　甲骨文　小篆　隶书

婢，奴隶。

甲骨文婢，会意兼形声字，由妾和卑构成，"卑"为一手摇扇为主人扇凉的人(省人形)。小篆婢，将女头上的辛省去，即将妾置换为女，其义转为做奴婢者为女人，不一定为带罪的女人。卑，也做声符。

娶　甲骨文　小篆　隶书

甲骨文娶，会意兼形声字。由女和取构成，取女作妻为娶。取也兼做声符。

后

甲骨文 小篆 隶书

后，古称君主或帝王妻子为后。

甲骨文后()，会意字，像女人(𠂊)生子(点)的样子，此即毓(育)。后来毓字经"庐"、"居"的嬗变，到金文字形演变为"后"，毓和后遂分化成两个字，毓表示生育，后表示君主或皇后。后字原本为生小孩的女人，是借毓为后。"𠂊"是由"𠂊"、"尸"嬗变，即人形，"口"是由"古"、"古"嬗变，即倒子，头朝下的婴儿。

娘

甲骨文 小篆 隶书

娘，本为少女的美称，《乐府诗集》："见娘喜容媚，愿得结金兰。"后世用作爹娘之娘。

甲骨文娘()，形声字，以女(𠂊)为形符，良(𠂊)为声符。"𠂊"为廊字的初字。

奴

甲骨文 金文 隶书

奴，奴隶、奴仆。

甲骨文奴(𡥀)，会意字，像一手(又)抓一女(中)以强迫其劳作，会意此女为奴。

始

始，出生为始。所以金文始（㚶），以女（ㄓ）为形符，以（㠯）为声符，口（ㄇ）为借音符号，表明始是借"以"声。

姬

姬，妇女的美称，《诗·陈风》："彼美淑姬，可与晤歌。"

甲骨文姬（ ），形声字，以每（ ）为形符，翼（ ）为声符。金文姬（ ），以女（ㄓ）为形符。"女"与"每"字义相通。"臣"由" "、" "演变而来，是翼的初文，读音为yì。

姪（侄）

甲骨文姪（侄）（ ），形声字，以女（ ）为形符，至（ ）为声符。金文姪（侄）（ ），仍为形声字，形符女（ㄓ）在声符至（ ）上，变为上下结构，现在规定侄为正体，姪为异体，改为以人（亻）为形符。

妄

金文妄（ ），形声字，以女（ㄓ）为形符，亡（ ）为声符。

娥

娥，传说中尧的女儿字娥皇，后嫁于舜帝为妻，引申为美女。

甲骨文娥( )，形声字，娥皇为女性，故以女( )为形符，我( )为声符。小篆娥( )，将声符我( )置于字的右侧。

8. 小孩——子部

子

"子"像幼儿之形，幼儿的头大，按身体比例是全身的四分之一(成人是七分之一)。甲骨文子( )、金文子( )，像在襁褓中的婴儿，大头、两臂舞动，下不见其腿。因用刀在甲骨上刻曲线不便，只能刻直线，所以甲骨文子把头刻成"口"字。金文则不然，多圆弧形。

孔

金文孔( )，会意字。像幼儿( )吸食母乳的样子，"乚"为乳头的象形。乳头有孔方可吸出乳汁，所以用子吸乳头会意为孔。乳孔引申为凡小洞皆为孔。小篆孔( )将乳头与幼儿脱离，失去了吸乳的意味。

乳

乳，即哺乳，俗称喂奶。

甲骨文乳（ ），会意字，像一个女人（ ）双手呈环抱式，胸前有乳头，正抱一幼子（ ），幼子其口向乳头，会意在哺乳。小篆则将人体讹化为" "，将双臂讹化为爪（ ）。

字

字，古文为生育、扶养的意思，文字之字是借音字。

金文字（ ），会意兼形声字，以屋（ ）内有子（ ）会意为生育或扶养之"字"。古文中，字与子通用，子又兼做声符。

孕

甲骨文孕（ ），像腹部隆起之人" "，腹内还有一幼子（ ），为怀孕之意。小篆孕像一人（ ）腹下有一子（ ），孕意仍然可见。隶书将人讹变为"乃"。

孙（孙）

甲骨文孙（孙）（ ），为子（ ）臂下一糸（ ），"糸"是绳子的象形，古代在先祖的祭坛上，要高悬若干绳结，以纪其世系。甲骨文孙（孙），即表示孙（孙）之世系是在子的下面。世系，即世世代代续延、继续的意思。隶书仍保留着子和糸两部分，只是"糸"脱离了"子"。

甲骨文毓（ ），像一妇女（ ）生子之形。幼子（ ）头先出，所以头朝下，子旁数点，表示生子时带出的羊水。毓字本为生育之育，后引申为产出。《国语·晋语四》："黩则生怨，怨乱毓灾，灾毓灭姓。"小篆毓（ ），仍可看到头朝下刚出生的幼子（ ）之形，下方的月（肉）字，指明了此子是有血有肉的。

學（学），教子以學（学）习。

甲骨文學（学）（ ），会意字。由双手（ ）、" "、房屋（ ）构成，意即在室内双手教人以學（学）。" "即交，學（学）与教均为交流的活动。金文學（学）（ ），增加形符子（ ），为子在學（学）习，其义更明确。

孟，本义应为始、首先，引申为第一个，为长。兄弟姐妹中排行最大的称孟,排序是:孟、仲、叔、季。长兄可称孟兄,每季第一个月,称孟月。

金文(一)孟,会意字。像一个孩子在浴盆里洗澡。金文(二)孟,子旁小点为水滴。洗澡是小孩降生后第一件事,引申为首先、第一。

金文 小篆 隶书

孳,即孳生,也写作滋生,哺乳动物繁殖为孳。引申为派生、引起。

金文孳,形声字。孳生即生子,故以子为形符,兹为声符。"𤼭"即"𠃳"的另一种结体,一般指幼儿。小篆孳,用"𠃳"替代"𤼭",书写更简便。

9. 胎儿——巳部

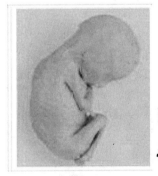

甲骨文 金文 小篆 隶书

甲骨文巳,像胎儿形,只见胎儿头,不见手、脚,身体卷缩。清代朱骏声:"孺子为儿,襁褓为子,方生顺出为㐬,未生在腹为巳。"实际上巳与子同义,巳有时也写成"子"或"人"。

甲骨文包(⟩)，象形字，像胞胎"()"中，有一小人(⟩)。小篆包()，人腹中之子写作巳()，巳即胎儿形，包当为胞的本字。后，包被借为包裹、包容之包，遂另用形声法造胞字。

10. 老人——耂部

甲骨文老()，为象形字，像一个老人()，头发蓬松，拄一拐杖()。金文老()，拐杖变弯，成了"匕"形，拄杖之形便模糊了。隶书老，虽然老人和拐杖俱在，但失去了象形。

考字本义就是老，《说文》："考，老也。"考、老本是由一个字形分化为两个字。

甲骨文考()，也是一老人头带老人帽(也有写作蓬松头发者)拄一拐杖的样子。金文考()，拐杖变形、弯曲，到隶书便完全失去了拐杖的样子。在古文中，考字做老或高寿讲，现代多做考试之"考"，和当初的字义没了关系，只是借读音罢了。"考"字旧时也指死去的父亲，称为先考，那和老人还是有些联系的。

甲骨文
金文
隶书

長(长)

甲骨文長(长)()，也是一长发、拄杖的老人形，古人一生不剪发，所以老人的头发自然就很長(长)了。引申为長(长)久之义。長(长)字本身也做为老年、年長(长)之解。如王羲之《兰亭序》中“群贤毕至，少长咸集”，“少长咸集”便是指年纪小的和年纪大的全都聚会在一起。

金文
小篆
隶书

孝

孝，侍奉父母者为孝。

金文孝()，会意字。像一子()扶持老人()的样子，“老”省略了拐杖，老在上，子在下，子扶老，会意为孝。

壽(寿)

金文
小篆
隶书

壽(寿)，长壽(寿)。

金文壽(寿)()，形声字，年老可称长壽(寿)，故壽(寿)以省去拐杖头发蓬松的老人()为形符，像老人状。畴()为声符。寿的写法很多，但最基本的是一形一声，其它或增“口”、或增“寸”，那都是增繁的结果。

耋 甲骨文 小篆 耋 隶书

耋，老年人。六十岁为耆，八十岁为耋，如：耄耋之年。

甲骨文耋( )，会意字，由老( )和至( )构成，会意老至为耋。老( )像老人拄杖，此老人" "未拄杖，与拄杖老人同义。

11. 众人——乑部

乑

"乑"是由三个人" "演变而来，三个人变成不同形态组合在一起，三人为众。表示人数众多的字，则以"乑"为形符。

衆(众)

(详见489页)

聚 战国帛书 小篆 聚 隶书

聚，众人聚合。

战国帛书聚( )，形声字，以三人( )为形符，取( )为声符。至隶书将" "逐渐演变为"乑"，失去了三人的形象。

二 特殊人形篇

类别	图形	甲骨(金)文	部首	有关字例
张口的人			欠	欠、歐(欧)、吹、歌、飲(饮)
扭头的人			旡	既
用目观看的人			見	見(见)、覓(觅)、視(视)、親(亲)、觀(观)
强调头部的人			儿	兒(儿)、元、兄、先、免、兑、貌、羌、堯(尧)、克、允
倒姿人			屰	逆
站土堆上的人			壬	重、望

类 别	图形	甲骨(金)文	部首	有关字例
病人			疒	疾、病、痛
死人			歹	歹、死、殃、殲(歼)、殊
罪人			黑	黑、黜
戴面具的人			鬼	鬼、畏、冀、魅、異(异)
被火烧的人			堇	堇、艱(艰)、難(难)

1. 张口的人——欠部

突出口,与突出目、突出耳一样,若在人头部加一大眼睛" ",即表示有所看见;加一大耳朵" ",即表示有所听见;加上一大口" ";即表示口有所动作。这个口也可理解为头和口的合写,口亦有方向性,张口的方向表示头的方向。后来,突出口的这个人形,经过小篆错误地变形,竟成了" ",楷书变成" "。与口有关的字,多在欠部,因为欠本来就是一个人头上张一大口,表示与口有关的动作。

欠

甲骨文欠( ),象形字,像一个人( )张着大口( )出气的样子。郑玄注《仪礼》"君子欠伸"曰:"志倦则欠,体倦则伸。"就是说精神疲倦时打呵欠,身体疲倦时伸懒腰。小篆把口( )变成了三撇" ",失去了原形。欠字也逐渐被借音作亏欠、不够等解。

歐(欧)

歐(欧),本呕吐之呕。《说文》:"欧,吐也。"

金文歐(欧)( ),形声字,以张大口的人形欠( )为形符,区( )为声符,区在做声符时读音ōu,如讴、鸥、欧等。

吹 甲骨文吹(㗅)，像一人(㒳)张口向一器物吹气，在此，口(口)只是一个接受吹的器物，而真正的"口"是人头部之口。金文吹(吪)，则将低头吹变成了仰头吹。

歌 秦篆歌(哥欠)，形声字，唱歌必须张口，故以一个张大口的人(欠)为形符，哥(哥)为声符。

飮(饮) (详见424页)

2. 扭头的人——旡部

旡 甲骨文旡(旡)，像一个跪姿人扭过头去的样子。"旡"是人头

和口的合写，头以"口"的朝向表示方向，"ㅂ"表示头和口向下，如吹(㕣)；"ㅂ"表示头和口向上，如祝(祝)；"ㄖ"表示头和口向前，如欠(㫃)；"ㄈ"表示头和口向后，如既(皀㫃)。

既，吃完饭为既。

甲骨文既(皀㫃)，会意字，像在盛食物的簋(皀)面前，一个已扭过头去的人(㫃)，会意此人已吃毕，吃毕为既。

3. 用目观看的人——见(見)部

甲骨文见(見)(𥃲)和金文见(見)(𥃲)，突出了人头部的大眼睛——目(罒)，下有一个简化的人身"卩"，以目代替头，既简练又明白，像一个人平视，有所看见(见)的样子。

覓(觅)

覓(觅),寻找。

金文覓(觅)(图),会意字,由见(图)和爪(图)构成。爪即手,手在目(图)上,搭着遮蓬正在观看搜索,会意为覓(觅)。

視(视)

甲骨文視(视)(图),会意字,目(图)前有物"示"会意为視(视)。此物逐渐演变为示(示),示兼做声符,成为会意兼形声字。

親(亲)

金文親(亲)(图),形声字,只有见到才能感到親(亲)切,所以,以见(图)为形符,辛(图)为声符。

觀(观)

觀(观),即观看。

金文觀(观)(图),会意兼形声字,以目光敏锐的鸱鸮一类的鸟"雚"和见(图),会意为觀(观),雚兼做声符。

4. 强调头部的人——儿部

儿是由人（）演变而来的，儿部的字，大都与人有关，此字真正表达的意义是字的上部，如：光（ ）是人头上有火" "，兔（ ）是头上有帽" "。

兒(儿)，小孩。

金文兒(儿)（ ），象形字，其头部" "没有连上，象征婴兒(儿)的头顶骨未合缝。

元，人头，引申为开始，第一。

甲骨文元（ ），会意字，会意人（ ）之上（ ）为元。元即首，元首即头。元旦，新年第一天，元月，新年第一个月。

甲骨文兄（ ），是由甲骨文凶（ ）借音而来，为假借字。人（ ）头上有火（ ）为兇(凶)，兇演变为"兄"。

甲骨文先（ ），会意字，由人（ ）和止（ ）组成，意即人举足前进，所以古文中，先是前进的意思。因举足向前，所以先又可做前讲。"ᵾ"即止,止即足,足趾向上,表示前进的方向为向前,并非人头上有"足"。与後(后)字中脚趾"ᛘ"的方向朝下相反。

免 免即冕的初字,冕,本是帽子,后专指帝王戴的礼帽。

甲骨文免(），象形字,像人()头戴有饰物的帽()。免字被借为避免、免除之免后,再用形声造字法,加帽的形符"冖",造冕字。

兑 兑为悦的本字。

甲骨文兑(),会意字,由人()、口()和八()构成,人笑时口角向两侧分开,"八"为分的符号。兑,现多作兑换之兑。

貌,古文写作"皃"。

甲骨文貌(),由白()和人()构成,"白"即面部,"人"即人身体,此即貌之古字。这样突出了人面部,但易与兒

(儿)、兄等字混，后人遂用形声造字法，以"㇁"为形符，豸(豹)为声符造貌字。

羌，是我国古代西部地区的少数民族，以牧羊为生。在商代，羌与商为敌，商多与羌交战，将羌人俘获后捆绑回国，且多做祭品杀害。

甲骨文羌(㸃)，会意字，由人(㸃)和绳索(㇁)构成，人头上有羊(㇁)的标志，表示为牧羊人，会意被俘者为羌人。羊也做声符。金文羌(㸃)，变为以 ⱱ 为绳索。

尧(尧)，非常高的样子。

甲骨文尧(尧)(㸃)，会意字，像双土(Ω)在人(㇁)头顶之上的样子，双土是因山高而远，所以看起来像土丘，会意为高远，高远即尧(尧)。小篆尧(尧)(㸃)直接写成人上三土。

克，古文中胜任为克，引申为制胜、完成。

甲骨文克(㇁)，会意字，像一个头戴头盔、手撑腰的武士，会意为能胜任、能克敌。

甲骨文允(𠃔)，下为人形"𠆢"，上为以(𠙴)。以就是允的本义，可"以"就是"允"许。金文允(𠑇)，人体下部增"卩"，"卩"是止(止)的变异，止就是脚，有止(脚)和无止其义不变。

5. 倒姿人——屰部

倒姿人屰(𢆉)，是正面人大(大)的倒写，但并非指头朝下的人，而是指朝自己方向走的人。

倒行为逆。

甲骨文逆(𢧵)，会意字。"𢆉"为倒行人，"彳"为道路，"辶"为道路和足，为示动符号。二形均会意为人在路上逆行，即朝自己的方向走，并非头朝下走。

6. 站土堆上的人——壬部

"𡈼"为古挺字。在现代汉语中没有单独成字，多与其他字组合在一起。

甲骨文写法，像人（㔾）站在土堆"○"上，或地面上，地面用"一"表示，"𡈼"与壬（王）字形相近，但本源不同。

人背负物品才感知重。

金文重（ ），会意字，像一人（𡈼）背着一个两头扎紧的大口袋"東"在行走，会意为重。小篆重（ ），将人（㔾）、口袋"東"和土（土）串在一起，会意为人负重走在地上。这种写法，人形和物形都不明显了。

望

甲骨文望()，像一人( )瞪大眼睛，站在土堆( )上举目张望。金文望( )，眼睛写成"臣"，臣即目；人站在地上写作" "，增月( )，会意为望月之望。

7. 病人——疒部

疒

甲骨文疒( )，由病人( )和床( )合写而成。平放应为" "。人身边的小点为病人的汗滴或发抖的意思。后将人的身体和床合在一起写成" "，再后将人臂与人体分离成" "，本为病字，后演变为"疒"，成为与疾病有关字的形符。

疾

甲骨文疾( )，会意字，像一个正面站立之人( )腋下中一矢

（矢），矢即箭，中箭则为伤疾。小篆疾（疾），以疾病的符号"疒"为形符，中矢（矢）而为疾，"矢"兼做声符。

病，古时称轻者为疾，重者为病。

小篆病（病），形声字，以疒（疒）为形符，丙（丙）为声符，"疒"实则"疒"的简写，像人躺在床上，横写为"疒"，像人生病的样子。

小篆痛（痛），有疾病则痛，故以疒（疒）为形符，"甬"（读音tǒng）为声符。"甬"即桶的象形字，是桶的初字。

8. 死人——歹部

甲骨文歹（歹），为死人形，字的下部为人的双腿，中间连线表示双腿已不能动，常作人死或残的形符。歹现引申为坏。

死

甲骨文死(𣦵)，会意字，像一个人(𠒇)跪在死人(𣦵)旁哭泣，意即有人已死。

殃

小篆殃(𣦵央)，形声字，人遭殃必带来死亡，故以死亡之人(𣦵)为形符，央(央)为声符。

殲(歼)

殲(歼)，全部消灭为殲(歼)。

甲骨文殲(歼)(𢦏)，会意字，像一戈(𢦏)击杀二人(从)，二人代表全部，会意为殲(歼)。小篆殲(歼)(𣦵韱)，增加死亡符号"𣦵"做形符，其殲(歼)灭之义更明显。

殊

殊，古代本指斩首的死刑为殊，现做特殊、不同讲，而以"诛"替代"殊"。

小篆殊(𣦵朱)，形声字，以死人(𣦵)为形符，朱(朱)为声符。

9. 罪人——黑部

黑

甲骨文黑(🔲)，像一正面人形，其面部被刺墨刑的人。面部墨刑的人，脸有黑字，故又引申为黑。与黑有关的字可分两类：一类是受过刑罚的人，所以有罪而被罚的字多从黑，如黥、黜等；一类是与黑色有关的字，如黯、黝等。本部只讲罪人。

黜

黜，古代因获罪而被贬降为黜。

小篆黜(🔲)，形声字，以黑(🔲)为形符，出(🔲)为声符。黜又引申为摒弃、废除。

10. 戴面具的人——鬼部

鬼

鬼(🔲)，上古时代科学极不发达，先民以为人死后变鬼，遂仿人(🔲)形作鬼字。为了区别于人，将其头作"田"，像人戴假面具。

畏

畏，害怕。

甲骨文畏（ ），会意字，像鬼（ ）手拿棍棒" "。鬼本可怕之形，再持棍棒打人就更可怕了，即畏惧之畏。

冀

金文冀（ ），也写作" "，本是"翼"字的别构。翼以羽（ ）或飛（飞）（ ）为形符，以異（异）（ ）为声符。冀字之北（ ）是羽（ ）的变异，遂嬗变为"冀""翼"两字。

魅

魅，古时先民认为物老变成的精怪。

甲骨文魅（ ），会意字，像鬼（ ）生有长毛" "，意谓长毛鬼即为魅。小篆魅（ ），形声字，以鬼（ ）为形符，未（ ）为声符。

異（异）

甲骨文異（异）（ ），会意字，像高举双手的人（ ）戴假面具（ ），以表示奇異（异）。

11. 被火烧的人——堇部

堇是煤的本字，作焚烧讲。

甲骨文堇（），象形字，像一个反绑双臂的人形，上以""表示人头，仰头张口，头下""为反绑的双臂，""为正面人形"大"。人下为火（），像以火焚烧一人，为古代祭祀的一种。后，人下之火演变为土（），字形变为堇；还有一部分演变作""。以""或堇做形符的字，多与人受灾难有关，如：艱(艰)、難(难)等。

艱(艰)，灾祸、艰难。

甲骨文（一）艱(艰)（），会意字，像一跪坐的人（）对一鼓（），会意击鼓以消除灾难。甲骨文（二）艱(艰)（），将人形""置换为""，""为反绑着双手受灾难之人。金文艱(艰)（），与甲骨文结构基本相同，只是人形由""变为""。小篆艱(艰)（），将会意字变为形声字，以受苦难之人"堇"为形符，艮（）为声符，""即扭头的见（）。

難(难)

金文　小篆　隶书

難(难)，古时一种鸟名。

金文難(难)（），形声字，以隹（）为形符，隹即鸟，以"堇"（）为声符。"堇"是""、""的变体，是熯的本字，读音hàn。小篆難(难)（），以鸟（）为形符，鸟与隹同义，故可以互换。

難(难)，现已借为困难之难，"堇"在此除做声符外，兼有形符的作用，表示困难、苦难、灾难之意。

三 头及五官形篇

类别	图形	甲骨(金)文	部首	有关字例
头(带人体)			頁(页)	頁(页)、頂(顶)、頭(头)、須(须)、顏(颜)、顯(显)、碩(硕)、順(顺)、頌(颂)
头			首	首、道、稽、縣(县)
眼			目	目、省、睩、直、民、眠、相
眼(竖式)			臣	臣、臨(临)、卧、宦
耳			耳	耳、取、聽(听)、聞(闻)、聲(声)、聖(圣)、聯(联)、聾(聋)
鼻			自	自、臭、鼻、息

类别	图形	甲骨(金)文	部首	有关字例
嘴		ᗒ	口	口、甘、占、告、嚚(嚣)、詠(咏)、唯、司、否、名、吴、嚴(严)、哲
嘴(向下)		ᗐ	亼	今、令、合、命、食、念
舌			舌	舌、甜
眉			眉	眉、湄、媚
牙齿			齿	齒(齿)、齲(龋)、齡(龄)
毛发			彡	髮(发)、鬢(鬓)
脸面			面	面、靦(腼)

人的头部及眼、耳、口、鼻、舌等感官所感知的信息，用文字来表现，就形成了与这些感官有关的几类文字。

1. 头(带人体)——頁(页)部

甲骨文頁(页)，本像一个侧面人形，突出了头部，可看到头发、眼睛，缺口处为耳际。金文頁(页)，用大眼睛和眉毛代表头部。頁(页)本义即人的头，《说文》："頁，头也。"用頁(页)构成的下列字，大部分都与头部有关。

頂(顶)

小篆頂(顶)，形声字，长着头发和大眼睛的人形——页为形符，丁为声符。頂(顶)指头的最上部。如：灭頂(顶)之灾。

頭(头)

金文頭(头)，形声字，以表示人头部的页为形符，豆为声符。

須(须)

甲骨文须(须)()，像一个人面部长了胡须(须)。金文须(须)()，用眼睛代表头，头上亦有胡须(须)。而隶书须(须)，我们如果把"页"字看成是"头"，就会理解"彡"即是长在头上的胡须，只是这胡须脱离了面部。这里的页字旁，和页码之页是毫无联系的。而须(须)字的本义即胡鬚，现"鬚"简化为须，正是恢复了须的本义。而必须的须是假借字，是借音而已。

顏(颜)

颜(颜)，一做脸讲，一做脸色讲。

金文颜(颜)()，形声字，形符为页()，页即为头。声符为"产"(彦〔彦〕的省写)。常用词如和颜(颜)悦色、无颜(颜)见江东父老等，都和脸面有关。

顯(显)

金文顯(显)()，会意字。由长着大眼睛的头即页()、日(○)、两束丝()构成。意即用眼在日光下看丝，丝才看得明顯(显)。

金文硕(硕)(🗝），会意兼形声字。由页(🗝)、石(🗝)构成，页即是头，会意为头像石头一样大，头大如石为硕(硕)。引申为大、远。硕(硕)在古音中与石同音，故石在此亦做声符。

金文顺(顺)(🗝），会意字。由页(🗝)和川(🗝)构成。"页"代表人，"川"为河流，表示水的流动，两形会意表示人像川水一样流畅，顺(顺)着一个方向。人为顺(顺)，马为驯。

颂(颂)，在古文中为仪容，即"容"字，后引申为歌颂(颂)，遂容、颂(颂)分为两字。

金文颂(颂)(🗝），形声字，以页(🗝)为形符，页即头，代表人的容貌，公(🗝)为声符。公在做声符时读song，如：松、讼等，皆读此音。

2. 头——首部

首

甲骨文 金文 隶书

甲骨文首(），像人的头，头上有发。金文首（）加以简化，已不像头形，而是以眼和眉毛构成。首和页（）原本是一字，都做"头"讲，页字只是头下加了个简单的身子，以衬托头部。常用语如首领，也就是头领、头儿。首，引申为最上、第一。

道

甲骨文 金文 隶书

甲骨文道（），是一个人（）在路（）上。金文道（），把人置换为首（），用头表示人，下有一止（），止即脚，表示人在路上走，而人行走的这个路""就称为道。"首"兼做声符。

稽

金文 小篆 隶书

稽，读音qǐ，稽首，古代一种跪拜礼，叩头到手，手至地面。

金文稽（），形声字，叩头，故首（）为形符，旨（）为声符。

稽，又读音为jī，作停留、治理、核查等义讲。金文稽与现行之稽，字形差异较大，古文"稽"无"禾"，这是古今字之别。

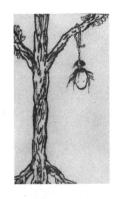

縣（县）

縣(县)字本即悬挂之悬。古时处死人犯，常把头悬于木杆上以示众。

金文縣(县) ，会意字，像木（ ）上用绳索" "悬挂着一首（ ），首即人头。小篆縣(县)( )，变为一倒写的首( )被一绳索( )连着，与金文本义相同。后来縣(县)字借为郡縣(县)之县，遂另造一懸(悬)字，为形声字。懸(悬)，提心吊胆，故用"心"做形符，縣(县)为声符。

3. 眼——目部

目

甲骨文目( )，象形字，是眼睛的形状，隶书目( )，眼睛基本形未变，只是把眼睛竖立起来。

省

省字本义为探望、探视、察看的意思。《红楼梦》中有元春省亲，就是探望亲人。

甲骨文省（ ），形声字。探望当然重点是用"目"，故以目（ ）为形符，生（ ）为声符，" "是两者的合写。隶书变"生"为"少"，字形则隐晦了。至于节省、省略、省县之"省"，均为后起借音字。

睽

金文睽（ ），形声字，二目（ ）为形符，癸（ ）为声符。"睽"原义为两个眼睛不能集中到一个视点上，引申为背离、不合。也做注视讲，如：众目睽睽。

直

甲骨文直（ ），会意字，像眼睛（ ）上有一竖线"丨"，会意用眼睛看测直线的悬锥，以测得直线之意。金文直（ ）将眼前加面部线" "，将直线讹写成十（ ）。

民

民，古代指奴隶，奴隶主把战俘刺瞎左眼以为记号，并强迫其劳动，使之为奴隶，称为"民"。金文民（ ），正像用针（ ）刺其左眼（ ）的样子。现在民字泛指百姓，其义已完全不同。

眠

眠，睡眠。

甲骨文眠（），形声字。以"🝿"为形符，像一老人（𠂉）睡在床（𠀆）上的样子。米（⺀⺀）为声符。隶书眠也是形声字，以目为形符，民为声符。

相

观察，察看为相，如相面。

甲骨文相（𣎵），会意字，像用目（⍝）观察树木（朩）的意思。《易》："地可观者，莫不观于木。"金文相（𣏌），将甲骨文"相"的上下结构变为左右结构。

4. 眼（竖式）——臣部

"臣"是由"目"演变而来，臣字本非君臣之"臣"，没有做官之意，其本义仍是"目"，其字变成"臣"，但字义仍和眼睛有关。

甲骨文臣（🇨），像竖立的"目"形，仍为象形字。郭沫若谓："以一目代表一人，人首下俯时，则横目形为竖目形，故以竖目形象屈服之臣仆奴隶。"在商代，奴隶分生产奴隶和家内奴隶两种，生产奴隶叫做众，家内奴隶分臣、仆、奚、奴、妾等。臣便是家奴的一类，原义并非在朝为官的。后做官的以臣自称，初义是说自己是君王的奴仆。与臣有关的字仍然保留着"目"的原义。如：临、望（见44页）等。

臨（临）

金文臨（临），像一个人俯视众物的样子，""代表人及其眼睛，""代表众物形。臨（临）字的本义是居上视下，视察之义。如上级检查下级可称莅临（临）。小篆臨（临），人与目（即臣）分离，所察看之物写作品（），品即代表抽象的众物体。

卧

唐代写金文卧（），象形字，像一人俯卧的样子，由卧姿人（）和臣（）构成，臣即目，表示人头，不过人、头已分离。据判断原字结体应为""，头是长在人身上的，如：须（须），原字为""，后来将胡须和头分离。

甲骨文宦(⌂), 会意字。由房屋(⌂)和臣(𝐸)构成。臣为竖写的目, 垂头眼睛向下时为竖目。竖目是俯首听命的奴仆的形态, 所以宦会意为室内是奴仆。宦与臣本义为奴仆, 做官人借为在皇帝面前的谦称, 后来, 本义渐失, 成了真正的官宦。

5. 耳——耳部

耳

甲骨文耳(𐊊), 象形字, 耳具有听(就是闻)的功能, 如耳闻目睹, 耳听为虚, 眼见为实。

取

甲骨文取(𐊊)、金文取(𐊊), 都像一手(⺕)持一耳(𐊊)形。古代争战, 胜者割取战败敌人的左耳, 以取耳之数量计功, "取"便是这一史实的写照。

聽(听)　　(详见475页)

聞（闻）

甲骨文聞(闻)( )，重点突出了人( )的听觉器官——耳( )，头部有一大耳，以手附耳，表示聞(闻)。聞(闻)即是听，见闻就是看见的和听见的，小点代表声音。金文为一人( )、一耳( )形，耳已脱离了人，其会意为聞(闻)仍较明显。

聲（声）

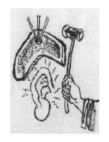

甲骨文聲(声)( )，会意字，由三部分组成：一是" "，像悬挂着的磬；二是" "，一手拿着击磬的锤；三是" "，一耳一口为听。意为一手持锤击磬听到的音为聲(声)。

聖（圣）

甲骨文聖(圣)( )，会意字，像一人( )头部长一大耳( )，以强调耳朵的功用。耳边一口( )，口有言语，耳感知到为声，以耳知声则为听，耳具有敏锐的听力则为聖(圣)，聖(圣)即言其听觉功能的精明。所以圣引申为贤明、通明。精通者为聖(圣)，借为对皇帝尊称为"聖(圣)上"。聲(声)、聽(听)、聖(圣)三字同源，其原始本为一字，后世字形变化，其音与义逐渐有了区别。

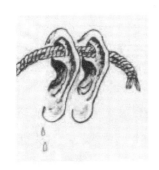

聯（联）

古文聯(联)(⿰⿱丝丝耳)，会意字，由耳(⿰)和两束丝(⿱丝丝)构成。会意用丝绳将耳聯(联)起来。古代战争，以割取战败者的左耳数量论功，为了方便将耳拿走，需将耳割下用绳串聯(联)在一起。

聾（聋）

聾(聋)，耳失聪为聾(聋)。

金文聾(聋)(⿰龙耳)，形声字，以耳(⿰)为形符，龙(⿱)为声符。小篆因字体长方，故将金文聋的左右结构改为上下结构。

6. 鼻——自部

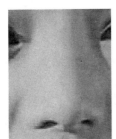

自

甲骨文自(⿱)，本就是"鼻"的象形字。如何借为自己之自，有人说古时当人们说到自己时，习惯用手指自己的鼻子，于是本为鼻子的自，便成了自己的自。此说是否可信，暂且不说，但确实是鼻子被转借为自己之自了。

甲骨文臭(𦣻)，为犬(犬)上加一鼻(自)，犬嗅觉最灵，故犬(犬)、鼻(自)即"嗅"的本字。后"臭"字借为臭味之臭，遂另加形符"口"，造一形声字"嗅"。

鼻，本写作自(自)，像鼻的形状。因自被假借为自己之自，所以用形声造字法造鼻字，陶文鼻(鼻)，以自(自)为形符，畀(畀)为声符，畀读音bì。

息，呼吸时进出的气，气息。

金文息(息)，会意字。由自(自)和心(心)构成。自即鼻，古人认为心气必从鼻出，所以心、自会意为息。

7. 嘴——口部

甲骨文口(口)，象形字，像人类之口，通俗叫作嘴。后引申为所有动物的嘴均可称口。口部的字，演变比较复杂，大致可分成

三个部分：一，表示人或动物之口；二，表示器物；三，无实际含义，只做装饰或为借音符号。下列是与人或动物之口有关的字。

甘，甜美的食物。

甲骨文甘（ ），会意字，像口（ ）内含一物"—"，会意为甘。金文甘（ ），变为口内含一"o"形，会意口内所含物为甘甜。

占，即占卜，古代占卜时察看龟甲或兽骨上的兆象，即甲骨烧后骨纹的走向以定吉凶。

甲骨文占（ ），会意字，以口（ ）问卜（ ），揣度吉凶为占。

甲骨文告（ ），会意字，象口（ ）和舌（ ）形，" "为舌形的变异。舌活动必有言告，告与舌、言、音实为同源字。

金文嚣（嚻）（ ），会意字。页（ ）即头，头周围有四口" "传来声音，意即喧嚣（嚻）。

詠(咏)，拖长声咏唱。

甲骨文詠(咏)（ ），形声字，以口( )为形符，永( )为声符。小篆和隶书将"口"置换为"言"，言、口均表示发声，其义不变，今又简化为咏，恢复了原始面貌。

唯，答应的声音，表示同意，如：唯唯诺诺。

甲骨文唯( )，形声字，答应则用口，所以，以口( )为形符，隹( )为声符。

司，掌管、主持为司，引申为官吏、官署。

甲骨文司( )，会意字，由人( )和口( )构成，会意为人在发号施令。金文或增形符" "，意即整理、治理，司为声符。小篆和隶书仍取甲骨文的简约字形并固定下来。

金文否( )，会意字，否就是不可，所以否以不( )和口( )为意符，口能表达言语，"不"用口表达出即是否。

名

名，姓名。

甲骨文名（），会意字，由夕（）和口（口）构成。""为半个月亮的象形，为"月"的本字，象征夜晚，借月为夕。夜晚相见看不清相貌，只能用"口"自报姓名，所以夕、口会意为名。

吴

吴，大声说话。

金文吴（），会意字，由歪着头的人形""，和口（）构成。人的头部强调一个"口"，会意此人嘴里在大声说话为吴。吴，现多作姓氏和地名。

嚴（严）

嚴（严），紧急、急迫为严，引申为严峻、威严、严肃。

金文嚴（严）（），形声字，以双口""或三口""为形符，表示紧急呼叫，以""（读音yín）为声符。

哲

哲，明智为哲，有智慧的人为哲人。

哲，明智为哲，有智慧的人为哲人。

金文(一)哲(𢲸)，以心(♥)为形符，折(折)为声符；金文(二)哲(𧥣)，以言(言)为形符，折(折)为声符；小篆哲(𠹸)，演变为以口(口)为形符。口能言，言为心声，故口、心、言其义相通，声符"折"、"折"均为折(折)的变体。

8. 嘴(向下)——亼部

甲骨文以"∧"表示口向下，又称倒口，如：今、食等，表示口向下对人发号施令或对食具就餐。

  甲骨文  金文 今 隶书

甲骨文今(∧)即古文含。由倒口(∧)和口内一物(一)构成，会意为口内一物为含，与含本为一字，后演变为今、含两字。

  甲骨文 金文 隶书

甲骨文令(令)，会意字，由倒口(∧)和一跪姿之人(卩)构成。会意上有一口向跪姿人发令。

甲骨文合(🈴)，会意字，《说文》：合，合口也。"∧"为上口，"廿"为下口，上下口相合实即上下嘴唇相合之意。长沙马王堆汉简中以合为答，可佐证合即上下嘴唇张合方能答话。

命与令本为一字，在金文中有两种结字法。金文(一)命(令)与甲骨文令(令)完全相同，命即令。金文(二)命(𠮩)，与金文(一)为同字异构，增加一口(廿)，以口发布命令的意思更加明显。后世将令、命分成两字。

(详见156页)

念，口念、心念。

金文念(🈴)，会意字，由倒口(∧)和心(心)构成，口向心会意为思念。其后为了表声的要求，倒口(∧)变为含(含)，兼做声符，念由会意字变为形声字。

9. 舌——舌部

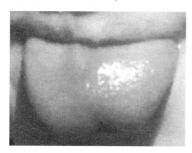

甲骨文舌（ ），象形字，口（ ）前伸出一舌（ ）形，小点表示有口水，也可理解为舌在振动以发音。

小篆甜（ ），会意字，由甘（ ）和舌（ ）构成。"甘"也做甜讲，舌尝到甘味，即是甜。甜也泛指美好的事物，如：忆苦思甜。

10. 眉——眉部

甲骨文眉（ ），象形字，像眼睛（ ）上面的眉毛。金文眉（ ）则更突出了眼睛，把人身去掉了，但眉毛" "有变形。隶书之眉，仍可隐约看到"目"上面的眉毛" "。

湄

湄，河名。

甲骨文湄( )，形声字，以水( )为形符，眉( )为声符。

媚

媚，美好、妖艳的样子。

甲骨文媚( )，会意字，像女人( )头部有一长着眉毛的大眼睛，会意为媚，眉( )也兼做声符。小篆媚( )，以女为形符，眉为声符，变为形声字。

11. 牙齿——齿部

齿（齒）

甲骨文齿(齒)( )，象形字。口内两排牙，表示牙齿(齒)已很清楚了。后人惟恐他人误读，遂加一声符"止"，变成形声字，以" "为形符，止为声符。

齲（齲）

甲骨文齲(齲)( )，会意字，齿( )内有一个虫( )，会意牙齿生了虫病成为蛀牙叫龋(齵)齿。小篆龋( )，会意兼形声字，"禹"本作虫解，虫、牙就是龋(齵)齿，禹又兼做声符。

龄，年龄，人们在一起常按照年纪大小来排序，叫序齿，此风自古沿袭至今。

小篆龄(龄)( )，形声字，年龄的大小与齿密切相关，故以齿( )为形符，令( )为声符。

12. 毛发——髟部

髟(biāo)，长发貌，后引申为毛发。

小篆髟( )，会意字。长( )为老人样，"彡"为老人的长发。髟本由长( )演变而来，长本指老人的发长，后老人与长发分离变作" "、" 彡"两部分，合写即为"髟"，如同本义为胡须的"须"，把胡须"彡"与头" "分离一样。

髮(发)，头发(发)。

金文髪(发)()，由"犮"和"首"构成，形声字。头上长髮，故以首(𦣻)为形符，犮(犮)为声符(犬跑的样子为犮)，犮读音bá。小篆演变为以"髟"为形符，仍以"犮"为声符。

鬢(鬓)，脸旁靠近耳朵的头发。

小篆鬢(鬓)(𩬆)，形声字，以髟(髟)为形符，宾(賓)为声符。

13. 脸面——面部

面，脸面。

甲骨文面(𠚇)，会意字，面字突出眼睛，眼即是目(⊟)，在眼周围画出了一个轮廓，意即脸面。面部的字均与脸面有关。面粉之面乃假借字。

靦(靦) 靦小篆 靦隶书

靦(靦)、腼腆，害羞的样子，会意兼形声字，陌生人见面方觉腼腆，腼腆表现在脸上，故小篆靦(靦)（靦），以面（面）和见（見）会意为靦(靦)，"面"兼做声符。

四　手形篇

类别	图形	甲骨(金)文	部首	有关字例
正面手			手	手、拜、挚(挚)
			扌	揚(扬)、擇(择)、掃(扫)、拖、抑、搏、扔、扶、撲(扑)、播
侧面手			又	又、左、右、友、叟、及、父、史、吏
			寸	寸、寺、專(专)、尊、得、射、封、對(对)、導(导)
朝下的手			爪	爪、爭(争)、采、受、妥、亂(乱)
手和臂			勹	勻、勾、掬

类别	图形	甲骨(金)文	部首	有关字例
曲指的手			丑	丑、羞、徹、蚤
握器物的手			聿	秉、兼、肅(肃)、尹
人及双手			丸	執(执)、藝(艺)、孰
双手在下			廾	弄、戒、彝、奉
			六	具、兵、共、其
左右双手			𠬞	丞、承
左右四手			臼	興(兴)、與(与)、輿(舆)
双人双手			鬥	鬥(斗)、鬧(闹)

人类活动离不开手，所以先人造字，很多字都要加一只手或两只手，甚至四只手，以表示在操作、劳动。但在金文中，"手"部的字却不多，原因是与手有关的字，分别演变为扌、寸、又、爪、廾、丸等部，下面，分述这几种与手有关的字。

1. 正面手(一)——手部

金文手(✋)，象形字，像指、掌的形状。隶书将弯曲的手指变成直线，就失去了象形的意思。

金文拜(拜)，形声字，拜手是跪拜礼的一种，跪后双手相拱到地，俯首至手。所以字中要有手(✋)为形符，麦(麦)为声符。

甲骨文執(执)、摯(挚)为同一字，捉捕犯人为執(执)。

甲骨文摯(挚)( )，会意字，像一人被拷住双手。" "为被捕之人，" "为手拷，" "为抓捕人的手，会意一手将犯人抓住，并将其带上手铐。后人又将抓捕人的手移到下面，变为摯(挚)，被借用为诚摯(挚)之挚，与執(执)字分离，各表其义。

2. 正面手（二）——扌部

现代汉字中，以"扌"作形符的字很多，但多半是后期产生的形声字，因为甲骨文、金文中的手，多以"又"、"寸"等形出现。"扌"是由正面手形"ϟ"演变而来，多以形符的形式出现，置于字的左侧，而并非像"又"、"寸"一样与字构成一个有机的整体。

扬，本为举的意思。

金文扬(扬)（㲽），会意字，像一个人（ϟ）双手拿着玉（王）和璧（⊙），高高举起的样子。小篆扬(扬)（揚），将人及双手"ϟ"变成"扌"，以"昜"为声符，本为会意字，演变为形声字。

择为挑选、挑拣的意思。

金文择(择)（𦥑），形声字，以双手（𦥑）为形符，睪（睪）为声符。小篆将双手移至左侧，演变成"ϟ"。

掃(扫)

掃(扫)，掃(扫)地。

甲骨文掃(扫)，会意字。像一只手拿一掃(扫)帚，掃(扫)帚上的小点表示垃圾物。小篆将手变为"￪"。

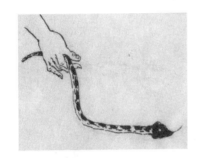

拖

拖，古时也写作拕。

甲骨文拖，会意字，由手和蛇构成。蛇很长，提不起来，所以拖着走。"ᘐ"、"ᛘ"均为蛇的象形，"ᘐ"后来演变为"虫"，"ᛘ"演变作"它"。它，本即蛇，假音为代词，称人以外的事物。

抑

抑，按压为抑。

甲骨文抑，会意字，像一手按压一跪姿人，会意为抑。小篆抑，再增手，使字形变繁，成为形声字。

搏

搏，搏斗、拼搏。

金文搏（），形声字。以尃（）为声符。搏可使用兵器，所以金文搏有以干（）为形符，有以戈（）为形符。小篆搏（），改为以手（）为形符，赤手搏斗。

扔

甲骨文扔（），形声字，扔需用手，所以以手（）为形符，乃（）为声符。

扶

金文扶（），会意兼形声字，由夫（）和手（）构成，夫，就是正面站立的人。金文扶像以手扶人的样子，夫又兼做声符。小篆扶（），统一将手（）移至字的左侧。

撲(扑)

撲(扑)，打击为撲(扑)。

金文撲(扑)（🗚），形声字，以戈（🗚）为打击的形符，丵（🗚）为声符。小篆撲(扑)（🗚），以"扌"（🗚）为形符，变以戈打击为以手打击。

播

播，播种。

金文播（🗚），形声字。以"🗚"为形符，像一手持物以掘地播种，番（🗚）为声符。"🗚"与"畨"，古本是一字。小篆播（🗚），将持器物的手"🗚"置换为手"扌"，去掉了手中器物，仍保留了手做形符，表示以手播种。

3. 侧面手(一)——又部

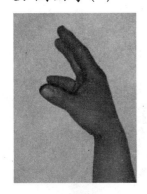

又

《说文》："又，手也，象形。"甲骨文又（🗚）像侧视之手。位于字右侧的手，多演变为又。

左

甲骨文左（ ），象形字，即左手。甲骨文中左右手往往不分，但在左右并称时则分别写为" "、" "。金文左加工字，与右加口字相同，均为了区别左右两字，使用时不易相混。

右

甲骨文右（ ），即手，象形字，也可作右手解。金文又加口，口为装饰性符号，以区别于左。借右手指示方向右。

友

甲骨文友（ ），会意字。为两只手紧紧相交，表示友好、相互协助者为朋友。金文友（ ）与甲骨文同，隶书友仍有两手的痕迹。

叟

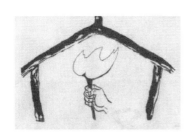

甲骨文叟（ ），像一手（ ）持火把（ ）在室内（ ）搜索的样子。"叟"本搜的初始字，后假借为作老人讲，遂再加"扌"造"搜"字，搜便成形声字，叟、搜分成两个不同含义的字。

"及"本作逮住、追住讲，后作连词、介词等。

甲骨文及（ ），会意字。由一人（ ）一手（ ）组成，像一只手捉住一个人。金文及（ ）与争（ ）字形相似，争字为上下各一只手，及字为一只手抓住一个人。

父，本是斧的初始字。石器时代，男子持石斧劳作，后便将手（ ）持石斧（ ）干活的人演变为父亲的父，另用形声法造斧字。斧、斤是类似的工具，所以用斤做形符，父为声符。

史，古文同"事"。

甲骨文史（ ），像一手（ ）持捕猎工具干（ ），以捕获野兽。" "、" "同，像上端有杈的木棍，称"干"，用以捕猎。古代以捕猎为事，故手持"干"会意为事。后，事又分化为史、吏、使，所以事、史、吏、使应为同源字。

甲骨文 金文 隶书

甲骨文吏本即事，像一手持干以捕猎，古代以捕猎为事。吏为古代官吏，吏以治人为事，所以借事之义和字形分化孳生为吏。吏与事、史、使为同源字。

4. 侧面手(二)——寸部

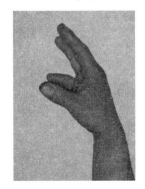

小篆 隶书

寸

手下一寸的位置中医称寸脉，又叫寸口。

小篆寸，指事字。手下有一指事符号"一"，表明此处即寸口。寸口距手的长度恰等于一尺的十分之一，所以借寸为长度单位。汉字在造字中，下列字中位于字下方或右侧的手，多演变为寸。

寺  金文 小篆 隶书

寺，即持的初文。

金文寺，形声字，以手持物，所以以手为形符，之为声符。后假借为寺庙之寺，遂另用形声造字法以手(扌)为形符，寺为声符造持字。

専(专),是古代纺丝的一种工具,叫纺砖。

甲骨文専(专)(),左侧是纺砖""之形,上面代表三股线,纺砖用手转动,三线即成一股线。右侧是转动纺砖的手()。金文専(专)(),把手放在""下部,转动的意思渐淡。

尊,古代盛酒器。

甲骨文尊(),由酉()和双手()组成,酉即酒尊形。有双手捧酒尊以进献之意,后引申为尊卑之尊,遂又用形声法造酒尊之尊。加形符缶(陶器)造罇字,加木(木质)造樽字,现又统一简化为尊。

甲骨文得(),会意字,一手()拿着一贝()为得到。贝在商代作为货币称贝币。后加示动符号"彳",其义不变。隶书右半部仍可写成贝、寸,是保持了得的本义。

射

(详见484页)

封

封，其初字为丰，古代帝王以土地、爵位、名号赐给官员为封。

甲骨文封(𡉚)，会意字，像一木(𡴌)植于土(◇)上，古代植树于土堆之上为封域，树木即表示疆界。隶书将土上之木，也讹变为土，成为双土。

對(对)

甲骨文對(对)(𢗳)，会意字，像一手(彐)持一凿子(丵)，凿子为凿孔的工具，上面三点"小"，表示连续敲击的位置，下面一横表示被凿的木面或石面。凿子要對(对)准所凿的位置，引申为相對(对)之對(对)。

導(导)

金文導(导)(𨗇)与道(𨗠)本为同一字，前者之手(彐)，为止(止)所变，導(导)与道遂分为两个字。導(导)，形声字，指導(导)、引導(导)以手(彐)为形符，道(𨗠)为声符。

5. 朝下的手——爪部

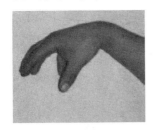

位于字上部的手，多演变成爪( )。爪即是手，通常人称手，动物称爪。但在地方语中，动物的爪或蹄也可称手，如南方称猪爪为猪手。

甲骨文爪( )，象形字，像手向下的样子。《说文》："覆手为爪，象形。"手心向下的手多演变为爪。现在爪多指动物爪。

甲骨文爭(争)( )，表示两只手( )在争夺一长杆状器物" "。小篆的两只手尚在，只是上面一只手变为爪( )，下面一只手握住了长杆"爭"。隶书两只手仍在，但双手的形状已大相径庭。

甲骨文采( )，会意字，像一只手( )采摘树木上的果实或树叶" "。金文采( )将果实或树叶省略，只用一手一木表示。

后采摘之采又加一手(扌)变成形声字採。本来采字已有手，又在左侧加一只手，这种繁化实际上是汉字演变过程中一种分蘖现象，由一个字变为采、採两字，字义也不尽相同。现在把採又简化成"采"，恢复了采字的本来面貌。

在殷代，受字本义为在祭祀时，两人以手拿着盛有食物的盤(ㅛ)祭祀祖先，所以有授予和接受的意思。

金文受()，将盤(ㅛ)变成舟(月)，其表达的意思逐渐晦隐不明，但两只手仍然可见，、即手的变形。

妥，为绥的本字，意思为安好、平静地坐着。

甲骨文妥()，会意字，由手()和女()构成，像一手(即爪)按一女人之形。会意让女人坐下，后妥字引申为妥善、妥当。

亂(乱)，本义为因混乱而治理，后多用为混乱，如：杂乱，扰乱等。

金文亂(乱)(🐛)，会意字，丝易亂(乱)，所以一手(爪)拿丝(8)，一手持互"于"，互(—)为缠丝的一种工具，有"互"则丝不亂(乱)，会意为治理。小篆亂(乱)字之"?"即丝线。

理丝用的工具"互"

6. 手和臂——勺部

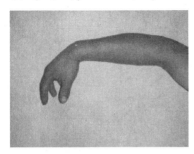

勺　"勺"做形符的字比较杂，一种是由俯身的人形"勹"演变而来(见20页)，一种是由手和手臂"彐"演变而来，如：匀、旬等。

匀

匀即钧的初文。古代三十斤为一钧，如：千钧一发。

金文匀(彐)，会意字，像一手(彐)抱两块铜锭(ニ)。后来，匀字被借为均匀之匀，遂用形声造字法造钧字。

旬

旬，十日为一旬。

甲骨文旬(勹)，会意字。像手(彐)转到一圈，双手有十指，计数时转一圈为十，会意为一旬。金文旬(匀)，加日(⊙)，更明确旬为计日单位。

掬

匊，双手捧满叫匊，匊今写作掬。唐于良史《春山夜月》：

"掬水月在手,弄花香满衣。"掬水即捧水。

金文掬(⿱），会意字。像用手(⿱)捧着米(⿱)，"⿱"是"⿱"的变异。后，隶书掬又增"扌"，变会意字为形声字，以手(扌)为形符，匊为声符。

7. 曲指的手——丑部

甲骨文丑(⿱)，象形字，像手指弯屈之形，手指屈以握物。"丑"与"又"均为手，手形略有区别。

羞字在古汉语中作进献讲。又作美味的食品讲，是"馐"的本字。

甲骨文羞(⿱)，像一手(⿱)持羊(⿱)，金文羞(⿱)，像双手(⿱)持羊(⿱)，均表示进献先祖的意思。隶书羞，以"丑"持羊，丑是手指弯曲的手。害羞之羞是后起借音字。

徹 (详见181页)

蚤，即跳蚤，极小的虫，善跳跃，蚤与其他虫类不同，蚤常钻入人的衣服内吸人的血液，所以，发现跳蚤必用手去捉。

楚简蚤()，会意字，由手(彐)和虫(厽)构成，会意以手抓的虫为蚤。小篆蚤()，将手(彐)写作丑(彐)，丑即曲指的手，曲指才能抓到蚤，丑与手义同。隶书蚤，"叉"为手(丑)的变异，仍保留着手屈指的意思。

8. 握器物的手——肀部

肀，像一手(彐)握一物"丨"的样子。

秉，用手拿着、握着，如秉烛、秉笔。唐白居易《观刈麦》诗："左手秉遗穗。"

甲骨文秉()，会意字，用手(彐)握着一禾(木)。引申为掌握，如秉公办事。

兼

兼，合并，重复，持二者以上为兼。

金文兼（ ），会意字，一手（ ）握着两根禾（ ），会意为兼。引申为同时涉及具有两种或两种以上的事物，如兼职、兼收并蓄。

肃（肅）

金文（一）肃（肅）（ ），会意字，像手（ ）持竹竿"朩"探测地下孔洞" "，孔洞方向不明，所以孔洞的角伸向不同方向。金文（二）肃（肅）（ ），渊上增竹（朩朩）表示手持为竹杆。孔洞内加水（ ），有水的深坑则为渊。" "、" "、" "为渊的演变过程。探渊，不知深浅，所以要小心谨慎，引申为办事要庄重、严肃（肅）。

尹

尹，掌握权力以治事的人，为古代官职的称呼。

甲骨文尹（ ），会意字，像一手（ ）持杖" "，杖是权力的象征，而持杖者就是有官职的人。

9. 人及双手——丸部

以"丸"做形符的字,与丸的本义——小圆球形物体毫不相干。在甲骨文中,"𠀉"是一个象形字,像一个人向前伸开双手的样子,以示手部有所动作。至金文变异成"𠀉",再至小篆变异成"𠀉",而伸出的双手已脱离人体,变异成"𠀉";隶书则将本为人形的"𠀉",演变为"丸"。丸部的字,如執(执)、藝(艺)、孰等,均是一人伸出双手有所动作。部首"丸"与弹丸之"丸",并非同一字。

執(执),逮扑罪人。

甲骨文執(执)(𠀉),会意字,像一人(𠀉)双手被手铐(𠀉)铐住的样子。金文執(执)(𠀉),人下增足,人与手铐(𠀉)脱离。

藝(艺)

藝(艺)，种植。

甲骨文藝(艺)（ ），会意字，像一个人（ ）手拿禾苗"屮"种植状。金文为手持木（ ）种于土（ ）。埶、蓺今写作藝(艺)。

孰

孰，即熟字的初文，作疑问代词的孰是假借字。

甲骨文孰（ ），会意字，像一人（ ）拜于宗庙" "前，意即食熟可进献祖先享用。金文孰（ ），" "原是人下肢的脚，本如" "，脚脱离了下肢移位而来。孰字被借用后，遂增火（灬）造熟字。

10.双手在下(一)——廾部

廾

"廾"做形符，多为在下的双手演变而来，甲骨文中双手写作" "，小篆写作" "，至隶书演变为" "。

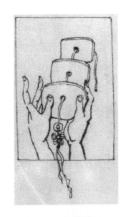

弄，为玩弄、把玩的意思。弄是用手玩弄，故离不开手。

甲骨文弄（🔲），像在岩穴"🔲"中，用双手（🔲）拿着玉（🔲）。金文弄（🔲）去掉岩穴形，用双手把弄玉（🔲）。甲骨文、金文玉与王字形相似，后为了与王字区别，加一点为区别符号，写作玉。

戒，作防备警惕讲。

甲骨文戒（🔲），会意字。担负戒备之人必须手持武器戈（🔲），双手持戈为戒。甲骨文戒（🔲），戈的两侧各有一手（🔲），金文戒（🔲），把双手（🔲）移到左侧，隶书与金文大致相同。

甲骨文彝()，会意字，像双手(𣫞)捧一反背双翼的鸟()以祭祀祖先。后便把祭祀宗庙的器具均称为彝器。金文彝()，将鸟反背的双翼加绳索"8"，小篆和隶书将鸟前的小点讹写成米，鸟头置于字上部，遂成现在的字形。

奉，献给为奉。

金文奉()，形声字。奉给要双手捧送以示尊重，所以用双手(𠬞)做形符，丰()为声符。小篆奉()，在已有两手的基础上又增一手(𠂇)，使字形逐渐复杂。

11.双手在下(二)——六部

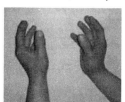

"六"做部首，与"廾"一样，均由双手演变而来，双手在字的下方，甲骨文中写作"𣥏"，在金文中写作"廾"，在小篆中则写作"六"。

具

(详见479页)

兵

甲骨文兵（），为双手（）持斤（），"斤"为古代兵器（与斧相似），双手持兵器者为"兵"，会意字。"兵"字金文和小篆仍保留斤下有两只手，隶书则将双手演变成" "，已失去双手的象形。

共

甲骨文共（），像双手（）拱奉一物之形，郭沫若认为"象以手捧璧之意，故共字本是大拱璧之初文。"璧本为圆形，甲骨文因不便刻而写成方形。隶书之" "是从璧之象形"O"演变而来。

其

其，象形字，即今日之"箕"。甲骨文其（）即箕的象形，古文其（）加双手（）即以双手持" "。后来，"其"被借为代词、介词，遂在其上加竹头，用形声法造箕字，其、箕遂分为两字。

12. 左右双手——ㅈㅅ部

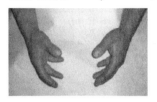

"ㅈㅅ"做部首，是由双手演变而来，在甲骨文中写作"𢪒"，在金文中写作"𠬞"，在小篆中分开左右写作"𠂇又"，在隶书中则写成"ㅈㅅ"。

 甲骨文　 金文　丞 隶书

丞，应为拯字的原始字。

甲骨文丞（ ），会意字，像一个人（ ）掉入陷坑"凵"中，被双手（ ）向上救起，即拯救。后丞字被借用为官名丞相之丞，遂另用形声法造拯字。

 甲骨文　 金文　承 隶书

承，捧托，承载之义。

甲骨文承（ ），会意字，像双手（ ）捧托起一人（ ）的样子。后引申为承担、承继等义。承与丞（ ）字形、读音相近，但寓意不同，双手在人下为承托，双手在人上为拯救。

13. 左右四手——舁部

四手，分别在上下左右，有众人齐力之意，演变作"舁"。"𦥑"为上面双手，"廾"为下面双手。

興(兴)

興(兴)，举起的意思。

甲骨文興(兴)（ ），会意字，像四只手（ ）举起一器物" "之意，如同打夯一样。金文興(兴)（ ）加口，表示有人喊号子。

與(与)

金文與(与)（ ），像两只手（ ）送一物" "，另两只手（ ）接物之形，有给予的意思。《老子》："欲将夺之，必固与之。"

輿(舆)

輿(舆)，古代作举、抬、扛讲。《战国策》："百人輿瓢而趋，不如一人持而直疾。"

甲骨文舆(轝)(），会意字，像四只手( )举一囊状物" "。后将此物演变为"车"，遂字意逐渐趋向表示车、车厢的舆(轝)，而与举、抬之意渐远。

14. 双人双手——鬥部

鬥(斗)

鬥(斗)，争鬥(斗)。

甲骨文鬥(斗)( )，像两人相对徒手搏鬥(斗)的样子，会意字。小篆鬥(斗)( )，将相搏鬥(斗)的双手分离变形，已失去相鬥(斗)的意味。隶书鬥(斗)，将本为双人形变成类似門(门)形了。

鬧(闹)

小篆鬧(闹)( )，会意字，由相斗的鬥(斗)( )和集市的市构成，会意像市场、像打架一样嘈杂、争斗为鬧(闹)。后将"鬥"简化为"门"，与原义相去甚远。

五 足形及行走篇

类别	图形	甲骨(金)文	部 首	有关字例
腿		𤴔	足	足、路、躋(跻)
腿			疋	楚、疑
脚		止	止(一)	止、步、此、歷(历)
脚(表示向前走)		止	止(二)	之、正、前、往、武
脚(表示向回走)			夂	各、後(后)、復(复)
双脚在上(表示向上走)			癶	登、發(发)

人加双脚(强调足部运动)			舛	乘、舞
人、脚(动符)			走	走、奔、越、起、趣
道路(动符)			行	行、衛(卫)、衡、衍
			彳	征、從(从)、德、律、徉、徒、徙
一脚在路上(动符)			辶	逐、通、達(达)、進(进)、過(过)、遠(远)、返、速、逮、遺(遗)、連(连)、造、還(还)、遇、違(违)、逾、送、退、迹、述、邁(迈)、遲(迟)、遊(游)
			廴	延、建

1. 腿(一)——足部

足

足,本指人的腿,又专指脚。甲骨文中用足构成的字未见,而大量的是用止()构成的字,"止"就是脚的象形字演变而来,在金文中才有个别用"足"构成的字。

甲骨文足(),会意字,脚上有"囗","囗"表示脚上是小腿,小腿为圆柱形,而圆形甲骨不易刻,所以刻成方形。金文足(足),止上便写成"〇"形,以表示腿。足字旁的字大多是后期造的形声字。

路

金文路(路),形声字,走路离不开足,故形符为足(足),各(各)为声符。"各"在古文字中即"落"字,读音亦同落。

蹟(跻)

金文蹟(跻)(),形声字。蹟(跻),登的意思,登就需要走,所以以行走符号辵(辵)做形符,以齐(齊)为声符。小篆蹟(跻)(蹟),以"足"为形符,足与"辵"的含意相近。

2. 腿(二)——足部

疋,与足同义,指人腿,或专指脚。

甲骨文疋(),象形字,上像人腿,下像脚(止),是腿和脚连在一起,或称下肢。疋与止(ㄓ)不同,止就是脚。

草木丛为"楚"。

甲骨文楚(），会意兼形声字,足(）湮没在林(）中会意为楚,足亦为声符。足即疋,隶书楚字下面"疋"可以写成"足",其义是相同的。

甲骨文疑(），像人拄手杖左顾右盼的样子,为疑虑的象形。金文疑(），加"彳止"为行走符号,表示人在路上行走,加"牛"似在寻找牛,为会意字。

3. 脚——止(一)部

止

甲骨文止(**⊔**)，象形字，像简化了的"脚"形，有脚掌和脚趾。与脚有关的字，多以"止"为形符，与停止之止，毫无相干，停止之止只是借音字，而止的原义恰好是行动、动作，脚的功能本来就是运动的。

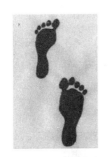

步

甲骨文步(**⊬**)，会意字。行走即迈步，步像双脚(双止)一前一后，一左一右行进的样子。隶书步，实际上也是双脚演变而来。

此

甲骨文此(**⊬**)，会意字，由人(**⺄**)和止(**⊔**)构成。此，指人眼前的位置，人脚所在的位置即此处。后来，人形讹化为匕(**⺈**)。

106 · 第一编 汉字的部类

歷(历),经歷(历)、经过。经歷(历)是走过来的,所以甲骨文歷(历)，以止(屮)为形符,秝为声符。金文歷变为以麻为声符。止即脚,表示走。

4. 脚(表示向前走)——止(二)部

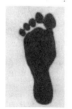

止,可以表示运动方向,脚趾朝上"屮"表示向前运动,脚趾朝下"" 表示向后运动或向回运动。

之,古文中作往、至讲,到什么地方去为"之"。如杜甫诗《送杜少府之任蜀州》,就是送杜少府前往蜀州上任。

甲骨文之(屮),会意字,像一只脚"屮"自某地"一"出发,往什么地方去。后世将之借为代词、副词等。

正为征的本字。

甲骨文正,会意字。"囗"表示人所居之城,"屮"

为止，即脚，两形会意，表示人迈步向城进行征伐。金文正(𤴕)，将象征城池的"囗"缩写成"●"，小篆和隶书又进一步简化成"一"。正反之正是假借字。

前

前字的演变比较复杂，甲骨文前(㳀)，像一只脚(止)在路(彳)上行走，会意为前进，凡(月)为声符。金文前(箭)舍去路"彳"，因为止即脚，仍为前进的意思，声符凡错变为舟。《说文》说"前，不行而进谓之前"，是错把止当成停止之止了。而止，本为行动之义，脚趾向上表示向前行进，加舟，则可表示舟在前进。故隶书前可写作止字头，恰是保存了原字义。

往

甲骨文往(𡳿)，形声字，以止(止)为形符，王(王)为声符。往，去为往，与来字相对，走出去，则一止(即脚)向前，代表前进方向。后金文加"彳"，是道路的象形，是"行"的简写，"彳"也是行走符号，往的意思更明。隶书往，"止"的象形已不见，只简作一点。声符仍为"王"，而不是"主"。

武

甲骨文武(𢀖)，会意字。止(止)，乃脚趾之趾的本字，也即脚。戈(戈)加一止(止)，非但不止戈，而是戈在挥动，甲骨文中加

"止",多表示行动之义。戈、止便是征伐动武。就像止、舟,恰是舟在前进,而不是停止一样。

5. 脚(表示向回走)——夂部

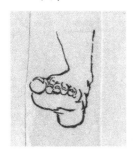

夂 夂与止虽然字形差距很大,但均为脚的象形演变而来,夂(月)即脚趾朝下,脚趾可表示行走的方向,脚趾朝上为向前走,脚趾朝下为向回走。

各 甲骨文 金文 隶书

各,古文为落,降落的意思。

甲骨文各(吕),会意字,由止(月)和口(口)构成。脚趾的方向向下,向"口"的方向,口可代表家门、穴居地、落足点,会意脚向家走来。现代汉语多借用为副词或指示词,如:各奔东西。

後(后) 甲骨文 金文 隶书

甲骨文後(后),会意字。像绳索"8"系着一止(月),脚趾向后,意即一人系绳索,落在人後(后),"彳"为路的简化形,表示在行进中落後(后)。

復(复)，向回走之意。

甲骨文復(复)，会意字。"" 像古人的穴居地，两侧有台阶出入，"" 为倒止，脚趾方向朝自己，意为返回，往返即为復(复)。金文加"彳"为行走符号，向回走的意思更明显。

6. 双脚在上(表示向上走)——癶部

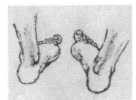

癶，甲骨文写作""，双脚(即双止)在一物之上，表示此物向上急速运动。止的数量可以表示运动速度，"止"越多，速度越快。如走()为一止，奔()为三止。

甲骨文登()，像双手()捧盛食物的器皿——豆()，登阶进奉神祖的意思。字上部有双止()，表示急速向上登。隶书省去两手，好像没有人持"豆"了。隶书登字上半部可写成""并非故作玄虚，而是保持了双脚(止)的本义。

甲骨文發(发)()，像一手持弓()发射，弓弦在颤动。金文發(发)()上加双止()，表示箭以高速向上發(发)出。

7. 人加双脚(强调足部运动)——舛部

舛,是由双止(止止)演变而来,双止即双脚。大(大)为正面站立的人,为简约一般不加双脚,若大(即人)加双脚(即双止),则表示强调此人腿脚的动作。

甲骨文乘( ),像一个正面站立之人(大),站在树木(木)上。金文将站立之人加上双止(止止),止即脚,为强调脚已脱离地面。人的双脚脱离地面为乘,如乘马、乘轿、乘风破浪。

甲骨文舞( ),与无是一个字,像一个人(大)手持物"木木"舞蹈的样子。金文下加了两只脚( ),以强调手舞足蹈之义。

8. 人、脚(动符)——走部

走

金文走()，像一个人摆动双臂行走的样子。人()下有一止()，止即脚，强调此人正迈开脚步向前走，止在此为行走符号。

奔

金文奔()，会意字，像一个摆动着双臂奔跑的人()，下有三止()，表示奔跑的速度快。甲骨文、金文中往往以止的数量表示速度。止即脚，止多速度快，如走是一止( )，奔是三止( )。小篆将三止讹写成三草( )，就失去了奔的原义，不能释为人在草上奔。

越

甲骨文借兵器钺( )为越，小篆加行走符号走( )，明确了"越"字是要走起来、行动起来，才能超越，为形声字。

起

古文起( )，形声字，只有立起才能走，走与起紧相连，故以走( )为形符，巳( )为声符。楷书起，声符变为"己"。

趣　金文　小篆　走取 隶书

趣，本义为快速行走。现多做旨趣、趣味讲。

金文趣（ ），形声字，以走（ ）为形符，取（ ）为声符，" "是金文取" "的变异。

9. 道路(动符)(一)——行部

行　甲骨文　小篆　行 隶书

甲骨文行（ ），像十字交叉的道路，本是供人们行走的，后引申为行走之行，作动词用。与行有关的字，也常省略成"彳"。甲骨文行（ ）与彳（ ）同义，彳与亻毫无关系。行或彳，是行走符号，在造字中表示动作、行走之义。

卫(卫)　甲骨文　金文　隶书

甲骨文卫(卫)（ ），像有上下两止（ ）守卫(卫)着城邑。方（ ）表示城邑，商、周时代邦国称方，与城意思相通，行" "即城中大道，也做动符，表示防卫(卫)的行动。金文卫(卫)（ ），变为双止对"囗"，"囗"为城邑的简形，与方同义。

衡，古代绑在牛角上以防止牛角触人的横木。

金文衡（），会意字，由牛角（）、人（）和行（）构成，牛角表示牛，"行"表示道路，会意牛在道路上行走，必有"衡"以防触人，行（）也兼声符。

衍，水顺河道流入大海为衍，引申为散开、发挥。

甲骨文衍（），会意字，由水（）和道路（）构成，像水在道路上流，这里的道路是河道。、、、是不同时期水的写法，由繁到简，由具象到抽象。

10. 道路(动符)(二)——彳部

彳，为行（）的简写，即道路的一半，其本义仍为道路，引申为行动、行走，在造字中作动符。

征

征，征伐，远行。

甲骨文征（ ），形声字，以表示道路的符号"彳"为形符，正（ ）为声符。

從（从）

甲骨文從（从）（ ），像二人" "相随、相從（从），加彳（ ）表示在相随行走，" "与"彳"为动符，其义相同，均为强调二人相随相從（从）在行走。

德

金文（一）德（ ），为德的本字，会意字。由心（ ）和直（ ）构成，意即心地正直乃有德。金文（二）德（ ）增动符"彳"，意为德必须身体力行。

律

甲骨文律（ ），会意兼形声字。由聿（ ）和示动符号"彳"构成。聿即笔，表示书写法律条文，"彳"表示要公布执行，"聿"兼做声符。

徉

徉，走来走去，徘徊。

甲骨文徉（ ），形声字，以表示行走的示动符号"彳"或"艹"为形符，以羊（ ）为声符，双羊是羊的繁构。

徒

徒，步行为徒，徒步。

金文徒（ ），形声字，以行走符号"辶"为形符，土（ ）为声符。彳、止，表示脚在路上行走，合写作辵，与"彳"同义。

徙

徙，迁移。迁移需要行动，所以金文徙（ ）由道路（动符）和双足（ ）构成，双足一前一后一左一右地行进，会意为徙。

11. 一脚在路上（动符）（一）——辶部

"辶"是由道路的简写"彳"和一只脚即止（ ）演变而来，道路演变为"彳"，止演变为"止"，合写为辵，辵再简写为

辶，本义为脚在路上行走，泛指行走、行动、动作，常做造字中的动符。

逐

甲骨文逐（ ），会意字，一鹿（ ）下（即后）有一只脚（ ），表示有人在追逐这只鹿。金文逐（ ），将鹿写作豕（ ），豕即猪，其追逐的意思不变。在甲骨文中，只要不是特指，这种牛、马、犬、鹿、豕互换的情况常见。金文增动符" "， 、 合写为辵，楷书写为辶，表示追逐的行动更明显。

通

甲骨文通（ ），形声字，通则要行走，故以" "为形符，用（ ）为声符，"用"为桶的象形，读音为"桶"，上加" "，表示桶口为圆形。

達（达）

甲骨文達（达）（ ），会意字。由一大（ ）、一脚（ ）和道路（ ）组成，大即正面人，会意人在路上行走，以到达（达）某地，"大"也兼做声符。

進(进)

甲骨文 / 金文 / 隶书

甲骨文進(进)，一隹下有一止，隹即鸟，止即脚，鸟本用翅膀飞行，止为动符，会意鸟在飞行，有前進(进)之意。金文又增"彳"做示动符号，亦表示此鸟在飞進(进)。

過(过)

金文 / 小篆 / 隶书

金文過(过)，形声字。以辶为形符，"辶"是由道路和脚(止)构成，表示行走。"冎"即骨，为声符。

遠(远)

金文 / 小篆 / 隶书

金文遠(远)，形声字，形符由道路"彳"和脚"止"构成，合写即是"辶"，表示行走。以袁为声符，袁本义为衣服上饰有圆形玉。

返

金文 / 小篆 / 隶书

金文返，形声字。以表示行走符号的道路(彳)和脚(止)为形符，合写即为"辵"，以反为声符。"辵"楷书写作"辶"。

速

金文速(𨒗)，形声字。速一般指运动的速度，故以示动符号辶(辶)为形符，束(束)为声符。甲骨文束写作"束"，是缚绑木的意思，束是束的变化写法。

逮

金文逮(㞋)，会意字。一手(⺕)抓住一条尾巴"木"，会意为逮，即捉住。小篆加示动符号辶(辶)，表示逮要追赶，要有动作。

遗(遗)

金文(一)遗(遗)(𦾔)，会意字，由双手(㠯 ⺕)、遗落物"丨"和示动符号"辶"构成。会意手中之物遗(遗)落，"丨丶"表示向下遗(遗)落。金文(二)遗(遗)(𦾔)，表示遗(遗)落物为贝(貝)。示动符号简化为⺕。

连(连)

金文连(连)(𨊥)，会意字，由车(車)和表示行进的示动符号辶(辶)构成，意即车连(连)着车。

造

金文(一)造(🏠), 会意兼形声字。以房(冂)内有舟(月)会意为造, 告(㞐)为声符。金文(二)造(㫃), 省去厂房符号, 由舟(月)和示动符号辶(彳)构成, 意即造舟需要劳动, 仍以告(㞐)为声符。金文(三)写作"䢍", 简化去舟, 成了纯粹的形声字。

還(还)

甲骨文還(还)(𧾷), 会意字。像一个人(⺈)自道路(彳)上走来。金文還(还)(𠳵), 形声字, 仍以辶(彳)为形符, 睘(睘)为声符。睘(睘)为身戴环玉的人。

遇

金文遇(遇), 形声字, 相遇必要行走, 故以行走符号辶(辶)为形符, 寓(宀)为声符。小篆遇(遇)改为以禺(禺)做声符。

違(违)

違(违), 离别。

金文違(违)(韋), 形声字, 以行走符号"辶"为形符, 韋(韋)为声符。

逾 逾(金文) 逾(小篆) 逾(隶书)

逾，超越。

金文逾(逾)，形声字，超越就要行动，就要走起来，故以行走符号"辵"为形符，俞(俞)为声符。

送 送(金文) 送(小篆) 送(隶书)

金文送(送)，会意字，像双手"廾"持物"丨"向上送，"）（"为分的符号，表示此物被分送。送是一种行为动作，所以增动符"辵"。小篆送(送)，将手中物讹变为火(火)。至楷书将双手和手中"火"演变为"关"。

送(送)与遗(遗)造字原理大体相同，但所送物和所遗物的方向相反。送的形符为"廾"，是双手在下将物向上送；遗的形符是"臼"，为双手在上，手中物向下遗落，动符"辵"相同。

退 退(金文一) 退(金文二) 退(小篆) 退(隶书)

金文退(退)，会意字，退就要行动，所以以行走符号"辵"和向回走的止"止"为形符，会意为脚向回退。退与後(後)、复(复)构字相同，都是脚趾朝后(朝下)。

迹 迹(金文) 迹(小篆) 迹(隶书)

金文迹(迹)，形声字，以行走符号"辵"为形符，朿(朿)为声符，"朿"是棘的省写。小篆迹(跡)，变为以亦(夾)为声符，迹也可写作跡、蹟，现统一写作迹。

述

金文述(𢖺)，形声字，以行走符号"辵"为形符，术(𣎵)为声符。术即秫，是一种黏谷子，字形像手上粘满米粒，表示黏米为术。

邁(迈)

邁(迈)，跨越。

金文邁(迈)(𢖺)，形声字，以行走符号"辵"为形符，萬(万)(𥝋)为声符。

遲(迟)

甲骨文遲(迟)(𢖺)，形声字，以行走符号"彳"为形符，辟(𢖺)为声符。小篆遲(迟)(𢖺)，演变为以犀(犀)为声符。

遊(游)

遊(游)，遨游，游历，行走。

金文遊(游)(𢖺)，形声字，以行走符号"辵"为形符，斿(𢖺)为声符。"斿"即"旒"的变异，像一子持旗之形。

12. 一脚在路上(动符)(二)——廴部

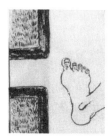

廴与辶虽然在字形上有差异，但其本源却是相同的，均为道路的简写"彳"或由道路与脚(止)合写"辶"演变而来，做动符使用，与辶同义。

延

延，在卜辞中有行走和连绵之义。

甲骨文延(𧗞)，会意字，由止(止)和表示行走的道路"彳"构成，意即脚在路上走为延。金文延(延)，与甲骨文构字相同，止便是止，彳便是彳。

建

建，立朝廷法律为建。

金文建(建)，会意字，由聿(聿)和廴(廴)构成。聿(聿)为笔，是书写工具，廴(廴)是动符，意为建立。

六 身心骨臂形篇

类别	图形	甲骨(金)文	部首	有关字例
身			身	身、殷、躬
心			心	心、思、忘、忍、恐、志、願(愿)、惠、惑、忠
			忄	惟、愉、恒、惕、憂(忧)、懷(怀)、愧
			小	恭、慕
骨			骨	骨、體(体)、骸
臂			力	力、加、幼、勇、協(协)、勤、動(动)、助
臀部			㠯	追、官、師(师)、遣、次
雄性生殖器			士	士、牡、壯(壮)

1. 身——身部

甲骨文 　金文 　隶书

身

甲骨文身（ ），像一个人有身孕时腹部隆起的样子。故甲骨文身（ ）和孕为同一字。《诗·大明》："大任有身，生此文王。"孕妇怀孕，腹部特大，所以身又可指腹。腹为身体主要部分，引申为人体亦可称身体。

甲骨文 　金文 　隶书

殷

殷，本义为治理。

甲骨文殷（ ），会意字。像一手（ ）拿器具" "在一人腹部" "治疗的样子。到了金文里，殷指商灭亡后归附于周的商民，所以是反"身"。

小篆 　隶书

躬

躬即身体，引申为自己、亲自。如诸葛亮《前出师表》"臣本布衣，躬耕于南阳。"躬耕，即亲自耕种。

小篆躬（ ）有两种构成，一是从身（ ）从吕（ ），一是从身从弓。从吕者是会意字，吕为人脊椎骨的象形，"身以吕为柱"（段玉裁）；从弓者是形声字，"弓"为声符。

2. 心(一)——心部

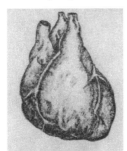

心 金文 小篆 隶书

金文心()，象形字，像心脏的形状。心字演变为两种形式，一是位于字的左旁，写作"忄"，一是位于字的下方，写作"心"。心在古时被认为是思维的器官，所以与心有关的字多与思维、精神有关。

思 楚帛书 小篆 隶书

战国时期，楚国帛书思()，会意字。古人认为，人们思考、想念都在于大脑和心理活动。所以，思由表示头脑的囟(xìn)门""和心()构成，会意为思。隶书将""变异为"田"，使头脑为思念器官之意渐晦。

忘 金文 小篆 隶书

金文忘()，形声字，心()为形符，亡(亾)为声符。

忍 金文 小篆 隶书

金文忍(忍)，形声字，以心(心)为形符，刃(刃)为声符。

恐

金文恐（ ），会意字。像一个伸出双手的人（ ），手的上方有斧类器物" "，即将落下，表示恐慌、恐惧。小篆加心，变为会意兼形声字，以"心"为形符，"巩"为声符。

志

金文志（ ），形声字。志为志愿、思想，故以心（ ）为形符，之（ ）为声符。至汉代隶书，"之"（ ）嬗变为士（ ），以士为声符。

愿（願）

金文願（愿）（ ），形声字，願（愿）为心愿，故以心（ ）为形符，元（ ）为声符。小篆願（愿）（ ），仍以心为形符，以原（ ）为声符。隶书将以心为形符改为以页为形符，页即头，表明是头脑的愿望，今又简化为愿。

惠

仁爱为惠。

金文惠(惠)，形声字。以心(心)为形符，"叀"为声符。"叀"即纺线用的纺砖，象形，古音与惠相近。

惑

惑，心里迷乱为惑。

金文惑(惑)，形声字，以心(心)为形符，或(或)为声符。

忠

忠，忠心耿耿。

金文忠(忠)，形声字，以心(心)为形符，中(中)为声符。

3. 心(二)——忄部

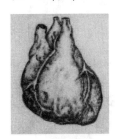

金文心(心)，象形字，至秦朝小篆字形变长，所以心字在字的左侧时，也随之变长。至隶书、楷书，心字在变长过程中又逐渐简化，其演变过程为："心"、"忄"、"忄"、"忄"、"忄"。

金文惟（ ），形声字。惟在古文中作思考讲，思考需用心，所以以心（ ）为形符，隹（ ）为声符。

愉，心情愉悦。

金文愉（ ），形声字，以心（ ）为形符，俞（ ）为声符。

恒，长久，固定不变为恒。《诗》曰"如月之恒"。

甲骨文恒（ ），会意字，由月（ ）和上下两横表示上为天下为地。天地之间以月为恒，月出月落永远不变。恒又常表示心志、恒心，所以金文恒（ ）增心（ ），会意心像月的运行一样永远不变。隶书将"月"变为"日"，其义不变。

惕，谨慎小心。

金文惕（ ），形声字。以心（ ）为形符，易（ ）为声符。

憂(忧)

憂(忧)，愁，憂(忧)形表露在脸上。

金文(一)憂(忧)（ ），会意字。憂(忧)像以手掩面，满面憂(忧)愁的样子。金文(二)憂(忧)（ ），由页（ ）和心（ ）构成，页即是头。增心（ ）作形符，进一步表明心里憂(忧)愁。

懷(怀)

懷(怀)，胸懷(怀)、懷(怀)抱。

金文懷(怀)（ ），形声字，以衣（ ）为形符，衣裹之中为懷(怀)，"眔"为声符。至后世，为了强调心里活动遂增心（ ）为形符，"褱"为声符，演变为新的形声字。

愧

愧，惭愧、羞愧。

金文(一)愧（ ），形声字，惭愧是心理活动，故以心（ ）为形符，鬼（ ）为声符。金文(二)愧（ ），以女（ ）为形符。

4. 心(三)——small部

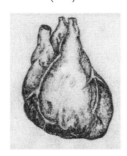

小

心(♡)在字的下方时，至楷书，一部分心演变为"小"，仍作为形符。

恭

 甲骨文 小篆 恭 隶书

恭，恭敬、事奉。

甲骨文恭( )，形声字，双手( )奉呈表示恭的形符，龙( )为声符。小篆结构与甲骨文不同，恭敬必以心敬，故以心( )为形符，共( )为声符。

慕

 金文 小篆 隶书

羡慕，心里向往。

金文慕( )，形声字，以心( )为形符，莫( )为声符。

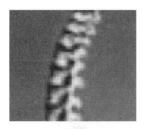

骨

甲骨文骨(ᄂ)，象形字，像人或动物之骨的简化形。楚简骨已加肉(ᄉ)，意即骨肉相连，隶书与此相似。

體(体)

體(体)，身体。

小篆體(体)(體)，形声字，身体以骨骼为支撑，故以骨(骨)为形符，豊(豊)为声符。

骸

骸，骨骼。

小篆骸(骸)，形声字，以骨(骨)为形符，亥(亥)为声符。

6. 臂——力部

力

力，劳动要用力，以手臂表示有力量。

甲骨文力(ᄂ)，象形字，像臂和手之形。甲骨文因不便契刻，所以臂的曲线不明显，金文力( )，从肩部到手，像一支粗壮有力的臂膀。

金文加( )，会意字，由力( )和口( )相组合。《说文》："加，语相增加也。"古文"加"有夸大意思。

幼，幼儿。

甲骨文幼( )，会意字，幼儿手臂无力，其手臂(力)( )只能提一根丝( )。金文幼( )，手臂( )和丝( )结合在一起，像手臂提丝状，以手臂无力会意年龄幼小。

金文勇( )，形声字，勇者有力，所以力( )为形符，甬( )为声符。隶书将勇字左右结构变为上下结构，这在文字演变过程中是常见的。

協(协)

協(协)，同心协力。

甲骨文協(协)（𧢲），像三只手臂（𧢲）同时用力于一个物体"口"，即为協(协)。金文写为双耒（）和双犬（），意即合力劳作耕种或狩猎，即为協(协)。

勤

勤，勤劳、努力。

金文勤（），形声字，勤劳就要用力，所以以力（）为形符，堇（）为声符。

動(动)

金文以童为動(动)（），至战国时期，楚简動(动)（）以"童"为声符加示动符号""。動(动)，就要用力，秦小篆演变为以力（）为形符，以"重"为声符。汉代隶书動(动)，也可写作"童力"，那是有古老的渊源的，因为童、重均可作为声符。

助

金文(一)助（），形声字。助，要用臂，助一臂之力，故以臂即力(✶)为形符,且(且)为声符,且为祖的本字,读音zǔ。金文(二)助(助),且下为手(ψ),可证力(✶)即是手。

7. 臀部——𠂤部

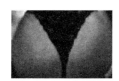

甲骨文𠂤(𠂤),横写应作"⌒⌒"。加藤常贤考证为人臀部的象形,臀部,俗称屁股。以屁股"⌒⌒"表示人坐卧休息的地方。

小土山是地面隆起的地方,其形状类似人的臀部,所以小土山引申为"𠂤"。

追

甲骨文 金文 隶书

甲骨文追(𠂤),会意字,由𠂤(𠂤)和止(止)构成,𠂤为臀部,止为脚,两形会意表示有人在屁股后面追。金文追(追)增道路符号"彳""𢓊"与"止"合写成"辶",表示在路上追逐。

官

甲骨文 金文 隶书

官,《说文》:"馆,客舍也。"官是馆字的初文,官本指馆舍之地,不是指人,后引申为官员之官。

甲骨文官(官),会意字。由房屋(宀)和𠂤(𠂤)构成。"𠂤"为臀部的象形,引申为起居地。两形会意为供旅途中临时休息起卧的房舍为官,官即馆。

師(师)

師(师),军队,后亦指军队的一个建制。

甲骨文師(师)( ),由表示臀部的" "代表驻扎地,引申为军队。金文師(师)( )增" ",为止( )的倒写,表示止(脚)从那一边走来,也即移師(师)的意思。两形会意为部队调整驻地,引申为军队。

遣

遣,派遣,从一地移到另一地为搬遣。

甲骨文遣( ),会意字,由双手( )与臀部符号" "构成。会意为把" "移到另一地为遣。金文遣( )增走( ),会意遣为遣走的意思更明显。

次

次,驻留、止歇叫次,又特指途中止歇的处所。

甲骨文次( ),会意字,由臀部的象形符号" "和" "构成。臀部的功能是坐," "多表示止歇地的移动,即处所的变迁。" "表示地面,即驻地,两形会意表示旅途中的处所。如:客次京华,就是临时居住在京城。

8. 雄性生殖器——士部

甲骨文"士"

士，为雄性人、畜生殖器象形符号。在古代，士本指未婚青年男子，后用为男子的美称。青年男子须充当军卒，即士卒。现代女子也可称女士，那是派生义。

士与土在写法上相近，在一些地方两字已混，与士有关的字，后来写作了土，如：表示公畜的牡。

牡，公牛。

甲骨文牡（𤘅），会意字，由牛（牛）和雄畜生殖器符号"丄"构成，会意此牛为公牛。在甲骨文中表示雄性家畜或兽类就用不同兽类符号，配以雄性符号，如公鹿写作"鹿"，公马写作"馬"，公羊写作"羊"，并各有专名。后来在农业社会中，这样区分实无必要，遂以表示公牛之牡，泛指雄性家畜或兽类，如公马则写牡马。牡丹之牡只是借音罢了。

壮（壯），雄强、雄壮（壯）。以雄性表示壮（壯），如雄狮、公牛、男人为雄壮（壯）的代表，所以金文壮（壯）（壯），以雄性符号士（士）为形符，床（爿）为声符。

七 语音篇

类别	图形	甲骨(金)文	部首	有关字例
语言		𠱫	言	言、訊(讯)、許(许)、語(语)、誨(诲)、誓、諱(讳)、諫(谏)、詐(诈)
声音		𠯀	音	音、韻(韵)、響(响)

1. 语言——言部

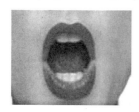

言

甲骨文言(𠮷)，会意字，像口(口)上有舌(𠂉)，口舌动而言出，会意为说话、言语。舌动而发音，有音而成言，言出而能告，言(𠮷)与舌(𠯑)、音(𠮷)、告(𠮷)原本一字，后世分化为四字。

訊(讯)

訊(讯)，审问、讯问。

甲骨文訊(讯)(𤰶)，会意字，像一个被反绑双手的人(𤰶)，"8"表示绳索，前有一口(口)，表示讯(讯)问俘虏。

許(许)

許(许)，应允，许(许)可。

金文許(许)(𧦝)，形声字，表示应允就要用言答话，故以言(𠮷)为形符，午(𠂉)为声符。

語(语)

語(语)，言語(语)、说话。

凡属言語(语)一类的字均以言为形符，或称类符。金文語(语)(語)，形声字，以言(言)为形符，吾(吾)为声符。

誨(诲)

誨(诲)，教誨(诲)。

金文誨(诲)(誨)，形声字。教誨(诲)需要言语，故以言(言)为形符，每(每)为声符。誨(诲)与谋古为一字。

誓

金文誓(誓)，会意字，像以斤(斤)砍断木(木)的样子，发誓时，以刀断木，古有此风，后来折箭为誓。发誓要立誓言，故由折(折)和言(言)会意为发誓之誓。

諱(讳)

諱(讳)，所隐諱(讳)和避忌的事物。

金文諱(讳)(諱)，形声字，避忌首先从语言上避忌，所以以言(言)为形符，韦(韋)为声符。

諫(谏)，直言相劝为谏。

金文諫(谏)(￼)，形声字，以言(￼)为形符，柬(￼)为声符。

詐(诈)，欺诈。

金文詐(诈)(￼)，形声字，诈必采取花言巧语，以欺骗对方，故以言(￼)为形符，乍(￼)为声符。

2. 声音——音部

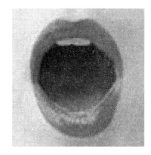 

甲骨文音(￼)，会意字，像舌(￼)振动而发音，小点表示振动。有音才有言，甲骨文音(￼)和言(￼)本为一字，金文音(￼)，将舌下的口讹变为曰，音和言有了区别。

韻(韵)

韻(韵)，和谐的声音为韻(韵)。

小篆韻(韵)(韻)，形声字，以音(audio)为形符，员(員)为声符。简化字韵，仍为形声字，以音为形符，匀为声符。

響(响)

小篆響(响)(響)，形声字。发出声音才能響(响)，所以響(响)字以音(audio)为形符，鄉(鄕)为声符。形声字的简化原则，是以笔划更少的字取代原来的形符字或声符字，響的简化字，改为以口为形符，以向为声符。

八 衣着形篇

类别	图形	甲骨(金)文	部首	有关字例
衣			衣	衣、卒、依、裘、裏(里)、哀、襲(袭)、衮、表
			衤	初、裕、被、裨
巾			巾	巾、布、帛、幃(帏)、佩、常
帽			冃	冒、冕、冠、胄
丝线			糸(纟)	繋(系)、素、絲(丝)、組(组)、經(经)、終(终)、絕(绝)、編(编)、幽、緑(绿)、絷、純(纯)

1. 衣(一)——衣部

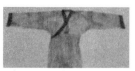 甲骨文 金文 隶书

出土的汉代上衣

 衣

甲骨文衣()，象形字，像商周时代的上衣，衣襟左右掩覆的样子。

 卒

 甲骨文　金文　 隶书

卒，古代供奴隶劳役时穿的一种有标记的衣服，引申为从事劳役的奴隶、低级差役、士兵。

甲骨文卒(　)，象形字，像有标记的衣服。"　"为衣服，"　"为衣服上的标记。

依

 甲骨文 小篆 依 隶书

甲骨文依(　)，会意字，像人(　)在衣(　)中，引申为依靠、依从等义。小篆依(　)，将人(　)移至衣外。

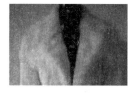

 甲骨文 小篆 裘 隶书

 裘

裘，皮毛衣服。

甲骨文裘(　)，像皮毛露在外面的衣服，象形字。金文裘(　)，皮衣内增又(　)做声符，隶书用"求"做声符，由象形字变为形声字。

裏(里)，衣服内层。

金文裏(里)()，形声字，以衣(众)为形符，里(甲)为声符，用衣包住"里"，构思很巧妙。

哀，悲伤。

金文哀()，形声字。呜呼哀哉！悲哀多以语气表露出来，所以以口(口)为形符，衣(众)为声符。

襲(袭)，一套衣服为一襲(袭)。

金文襲(袭)()，形声字，以衣(众)为形符，双龙(䶣)为声符。

衰，本指一种雨具，即蓑衣，用蓑衣草编织而成，雨天，头戴斗笠、肩披蓑衣以防雨。

古文衰()，会意字。"人"像斗笠，"口"为人头，"㣺"为蓑衣形，组合在一起为衰。衰现多借指衰落、衰败，遂再用形声法造蓑字，以艹为形符，衰为声符。

表，衣的外面为表，引申为外表、表面。

小篆表（􀀀），会意字，由衣（􀀀）和毛（􀀀）构成。古时以兽皮为衣，毛在外，故带毛面为表。

2. 衣(二)——衤部

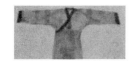

甲骨文衣（􀀀），作声符常置于字的左侧，至小篆因字体变为长方形，所以甲骨文衣（􀀀），至小篆演变为"􀀀"，至隶书演变为"􀀀"，至楷书演变为"衤"。

初，开始。

甲骨文初（􀀀），会意字，用刀（􀀀）裁衣（􀀀）表示制衣初始。先民最初是以刀割兽皮而成衣。

裕，衣物富裕。

金文裕（􀀀），形声字，以衣（􀀀）为形符，谷（􀀀）为声符。谷在做声符时，多读yù，如：峪、欲、浴等。

被，被子。

金文被()，形声字，衣、被为同类物，故以衣(𠆢)为形符，皮(𠬝)为声符。

裨，缝補衣裳为裨，引申为受益。

金文裨()，形声字，以衣(𠆢)为形符，卑(𤰞)为声符。"𤰞"像一手持扇，多指身份低微的人。

3. 巾——巾部

甲骨文巾(巾)，象形字，像佩巾下垂的样子。除头巾、盖巾外，凡属下垂的方布，如帐、幕、帏等均用巾做形符。

布

布，棉麻等织物的通称。

金文布()，形声字，布可做巾，故以巾(巾)为形符，表示是一种织物，父()为声符。

帛

帛，丝织品的总称。

甲骨文帛(帛)，形声字，以巾(巾)为形符，白()为声符，白读音bó。

幛(帏)

幛(帏)，帐子。

金文幛(帏)()，形声字，帏是由下垂的布做成，故以巾(巾)为形符，韦()为声符。

佩

佩，古代系在衣带上的玉叫佩玉，佩玉必有巾做装饰，叫佩巾。

金文佩()，会意字，由人(亻)、巾(巾)和系巾的""构成。

楚简 小篆 隶书

常,古代穿的裙子,是裳的本字,秦、汉时期常、裳混用。

楚简常(常),形声字,以巾(巾)为形符,尚(尚)为声符。后来,"常"被借用为经常之常,故采用裳替代常。

4. 帽——冃部

清代老虎帽

甲骨文 小篆 隶书

冒

冒为帽的本字,后借为假冒、冒充之冒,而另造形声字帽,以巾为形符,冒为声符。

甲骨文冒(冒),象形字,像帽之形,帽顶角状为饰物,如羊角、虎耳之形。小篆冒(冒)为简化的帽形。隶书冒下增"目",目代表头。

 甲骨文 金文 隶书

免即冕的本字,冕也是帽,指古时帝王、诸侯及卿大夫所戴的礼帽。

甲骨文免(免),会意字,像人(人)头上戴帽"冃"的样子。后免字被借为避免之免,遂另用形声法造冕字,以"冃"(帽的象形)为形符,"免"为声符,免本即是帽,"冕"相当于帽上又加了一顶帽。

冠，就是帽，后起会意字。由帽(冃)、人(亻)、手(寸)三部分组成，意即一手持帽戴人头上。元(元)即人头，与帽(冃)内两横共用，帽戴在人头上即为冠。

商代的青铜胄

胄，古代武士作战时戴的头盔。

金文胄(胄)，会意字，上为头盔的形状，下有一目(⊙)表示头。与帽"冃"以目代头同理。隶书将帽形"凵"讹变作"由"，将"目"讹作月(肉)。

5. 丝线——糸(纟)部

甲骨文糸(纟)(𢆶)，象形字，像一束丝的样子，或两端作结扎状，甲骨文糸(纟)还可以写作"𢆶"，两端露出丝的头绪，小篆糸(纟)写作"糸"，隶书糸(纟)写作"糸"。

繫(系)

 甲骨文　 金文　 隶书

繫(系)，把物捆绑在一起，或捆绑后提着。

甲骨文繫(系)()，会意字，像一手即爪( )拿着两束丝( )的样子，会意为繫(系)。系繁体写作繫，变为形声字，今又简化为系，恢复了系的本原。

素

 金文　 小篆　 隶书

素，白而细的丝。

金文素()，会意字，像双手( )拿丝( )，丝因润泽而易下垂，故以垂( )表示下垂。

絲(丝)

 甲骨文　 金文　隶书

甲骨文絲(丝)( )，象形字，像两束絲(丝)的样子。" "表示每束絲(丝)三根线头，" "表示絲(丝)束的结扎线。

組(组)

組(组)，用丝编织为組(组)，后引申为组织、组合等。

金文組(组)()，形声字，以纟()为形符，且(且)为声符。且，祖的初字，做声符读音zǔ，如：阻、诅、租等。

經(经)

經(经)，织机上的纵线。

金文經(经)()，形声字，以纟()为形符，""为声符。"巠"本为經(经)的初文，为象形字，像织机上的經(经)线，后被經所替代。

終(终)

終(终)，终尽，终结。

甲骨文終(终)()，会意字，像两束丝(𢆶)只剩最后的部分"∧"，意即丝已終(终)尽。一年之终为冬，終(终)又借义为冬，甲骨文終(终)与冬为同字。

绝(绝)

绝，断。

甲骨文絕(绝)(），会意字。像两束丝（ ）被断为三部分的样子。以刀断丝意为絕(绝)。金文絕(绝)（ ），以刀（ ）切断两组丝（ ），会意为絕(绝)。

編(编)，古代用以穿联竹简的绳子或皮条，也作连接讲。

甲骨文編(编)( )，会意字，由竹简( )和丝绳( )组成，以丝绳串连竹简会意为編(编)。小篆編(编)( )，变为形声字，以纟为形符，扁为声符。

幽，通"黝"，黑色。

甲骨文幽( )，由丝( )和火( )组成。会意字，像丝被火熏，丝变黑，黑就是幽。小篆将火( )讹变为山。在甲骨文中山与火字形相似易混。

綠(绿)，青黄色的丝为绿丝。

甲骨文綠(绿)( )，形声字。以纟( )为形符，录( )为声符。"录"即漉的古体字。

甲骨文 小篆 隶书

紊，即乱。丝易紊乱，所以甲骨文紊(𣎴)，以糸(𢆯)为形符，文(𡥡)为声符。

純(纯)，丝色纯正。

金文純(纯)(𦂇)，形声字，以纟(𢆯)为形符，屯(屯)为声符。"屯"是屯(屯)的异体。

九 炊事篇

类别	图形	甲骨(金)文	部首	有关字例
食			食	食、飯(饭)、飲(饮)、飼(饲)、饗(飨)
火			灬	焦、照、庶、熬、然、熏、熹、熟
米			米	米、梁、粟、料
麦			麦	麥(麦)、差、麵(面)、麸(麸)
黍			黍	黍、黎
瓜			瓜	瓜、瓢

1. 食——食部

食，吃饭为食。

甲骨文食()，会意字，""为盛食物的簋，"∧"像一向下的口，正吃食器中的食物，会意为食。

飯(饭)

金文　小篆　隶书

金文飯(饭)()，形声字，以食(食)为形符，反(反)为声符。

飼(饲)

甲骨文　金文　隶书

飼(饲)，喂养。

甲骨文飼(饲)()，会意字，由食(食)和人(勹)组成，像人在用食，为食的本字，后分化成食、饲两字。隶书飼(饲)变成形声字，以食为形符，司为声符。

饗(飨)

饗(飨)，设宴招待客人为饗(飨)。

甲骨文饗(飨)(），会意字，像两人()对食具""而坐，会意为宴请，宴请为饗(飨)。陪君王共餐引申为卿；招待乡人，借义借音又引申为乡。小篆饗(飨)()，增加食()，使会意字变为形声字，以食为形符，乡为声符。

2. 火——灬部

灬即由火演变而来。在字下方之火多演变为"灬"，而这类火多为炊事用火，与烹饪有关，所以，此类火(灬)放在炊事篇。

焦

金文焦()，由火(火)、隹()组成，隹即鸟，隹下有火，隹(鸟)被烧焦，会意字。

照

照，照耀。

金文照()，形声字，一手持火""为形符，意为以火照耀，召(召)为声符。小篆又加"日"会意为日光照耀，成为双形符，隶书将"火"演变为"灬"。

庶

庶即煮的初文。

甲骨文庶(石)，由石(厂)和火(凵)构成，像以火烧石的样子。陶器出现之前，古人以火烧热石头以烙烤食物，或将烧热的石头投入盛水器中而煮食物，庶便是煮的本字。后世庶被借为庶民之庶，遂另造煮字以代庶。

熬

熬，用文火慢煮为熬。又引申为勉强忍耐，如煎熬。

金文熬（），形声字，以火（火）为形符，敖（）为声符。

然

然，燃的初文，然即燃烧。

金文然（），会意兼形声字。由犬（）、肉（）、火（火）构成，会意火烧犬（狗）肉为然。古时狗肉又称然（），所以然（）又兼做声符。

熏

熏，用火烟熏烤。

金文（一）熏（），像木（）中间被熏黑，""为黑（）的一部分。金文（二）熏（），黑木下再加火（火），以示用火熏烤，则熏的原因更为明确。

熹

熹，古代烤肉为熹，现作光明解。

甲骨文熹（），形声字，以火（）为形符，喜（）为声符。

孰为熟的初字。

甲骨文孰( ),会意字,像一个人( )拜于宗庙( )前,有进献食物祭祖的意思。金文孰( )," "下增一" "," "是由人脚移位讹变而来,如闻字,金文作" ",或加脚(止)作" ",再变作" ",止( )便变成了女( )。孰被借为疑问代词,遂再用形声造字法加形符火(灬)造熟字。

3. 米——米部

甲骨文米( ),象形字,以上下三点表示米粒之多,中间一横表示米一层层堆积在一起。

梁,即粟,今称小米,为同一种粮食两种名称。梁又泛指精美的饭食。

金文梁( ),形声字。以米( )为形符,梁( )(梁的初文)为声符。

甲骨文 小篆 隶书

粟，北方称谷子，去皮后为小米。古代也泛指谷类作物的粮食。

甲骨文粟( )，会意字，像禾( )上有谷穗，可用手( )去采。" "为粟穗的样子。小篆将粟穗写为" "。隶书将其写为西( )，禾也由象形演化为米( )。

料，古代称量、计算为料。

金文料( )，会意字，左为米( )，右为斗( )，以斗量米，即为料。此斗为量米之斗，与舀酒之斗不同。

4. 麦——麦部

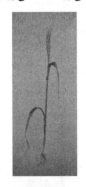

麥(麦)

麥(麦)的原形字" "本是象形字，像麥(麦)穗成熟后下垂之形。麥(麦)( )下加止( )，止即脚，而脚是朝自身方向，此本"來(来)"的形声字，以止( )为形符，麥(麦)( )为声符。古人在阴差阳错中，将麦、来两字张冠李戴，來(来)错当了麥(麦)，麥(麦)错作了來(来)，直延续至今。

差，搓的本字。

金文差（），会意字，由麦的象形"" 和手()构成，像以手搓麦的样子。小麦成熟后，将麦穗采回家，以手搓掉麦粒，是古代收获小麦的一种方法。差被借为差错之差，遂另用形声造字法造搓字，以手(扌)为形符，差为声符。

麵(面)，小麦磨成的粉，现称面粉，引申为所有粉状物为面。

小篆麵(面)()，形声字，以麦()为形符，丏()为声符，后来改为以面()为声符，麵现简化为面。

麩(麸)，麦子磨面后剩下的麦皮，又称麸皮。

小篆麩(麸)()，形声字，以麦()为形符，夫()为声符。

5. 黍——黍部

 黍，古代专指一种叫黍子的粮食作物，散穗状，其米似小米，有黏性，可酿酒、做糕等。

甲骨文黍(），象形字，像散穗状的黍的样子，意为黍已成熟。金文黍()，会意字，禾()即指黍，增水()，因黍加水可酿酒。隶书将水()移在禾下方。

黎，古时用黍米作糊，用以粘鞋子，此糊叫黎。后引申为众多，又特指黎民。

甲骨文黎()，形声字，以黍()为形符，利(省禾，以"刂"代利)为声符。

6. 瓜——瓜部

瓜，蔬瓜、果瓜之瓜。

金文瓜（），象形字，像蔓上结瓜之形。瓜是蔬果的一大类，以瓜为形符的字，如：瓢、瓤等。

小篆瓢（），形声字。瓢，由成熟的葫芦做成，葫芦为瓜类，所以瓢以瓜（）为形符，票（）为声符。

十 器皿形篇

类别	图形	甲骨(金)文	部首	相关字例
器皿			皿	皿、血、盂、盆、益、盛、監(监)、盡(尽)、盤(盘)、盟、盈、盥
盛食物的器皿			豆	豆、禮(礼)、豐(丰)
盛食物的器皿			皀	簋、卿
酒尊			酉	酉、酒、配、醜(丑)、奠、醬(酱)
酒具			角	觥、觞

陶器		缶	缶	缶、罐、缺、釜
瓦(陶器)			瓦	瓦、瓶、瓴、甄、甗
煮肉炊具			鼎	鼎、貞(贞)、員(员)、則(则)
煮饭炊具			鬲	鬲、兩(两)、徹
舀酒具			斗	斗、升、斛
饭勺			匕	匕、旨、嘗(尝)、匙
勺			勺	勺、酌

1. 器皿——皿部

皿

甲骨文皿()，象形字，本像盛饭食的一种器具，后泛指碗、碟、杯、盘一类的饮食器皿。凡属器皿一类的字，或与器皿有关的字多加"皿"作为形符，如：盂、益、盛、监等。

血

甲骨文血()，会意字，像皿()中有一滴(◊)，此滴会意为血。因血不便象形，故在器皿中有一血滴状。

盂

盂，古时盛饭的器皿。唐代吴融诗："几程村饭添盂白，何处山花照纳红。"

甲骨文盂()，形声字，以皿()为形符，于()为声符。

盆

古代盛水的器皿，大者为鉴，小者为盆。

金文盆()，形声字，盆属一种器皿，故以皿()为形符，分()为声符。

益

 甲骨文   金文 益 隶书

益，为溢的本字，水满则溢。

甲骨文益（ ），会意字，皿（ ）内水（ ）满溢出状。小篆和隶书皿上为水的侧置" "，与甲骨文原义同。后假借为利益之益，遂另造溢字成为形声字。

盛

 甲骨文 盛 金文 盛 隶书

盛，满。《水经注》："河盛则委泛，水耗则辍流。"引申为丰富、丰盛。

甲骨文盛（ ），形声字。皿（ ）两侧溢水，正是水满状，成（ ）为声符。

监（監）

 甲骨文 監 金文 監 隶书

監（监），古代盛水的盆，后写作鑑。商代没有铜镜，以盆盛水为鑑，鑑即是镜。

甲骨文監(监)（図），会意字，正像一个人（図）用皿（図）在照自己，以看自己的容貌。監(监)，突出了用目观看，所以人头上只表现一个大眼睛。監(监)，后被假借作監(监)视、監(监)狱等义，遂另造鑑（鉴）。"以铜为鉴可正衣冠，以古为鉴可知兴替，以人为鉴可明得失。"这里的鉴即为镜。金文監(监)（図），上半部人形"図"演变为"図"，隶书演变为"図"，目(臣)与人体分离。

 甲骨文   金文 盡 隶书

盡(尽)

盡(尽)，竭，终了。

甲骨文盡(尽)（図），会意字，像一手持炊帚"図"在洗涤器皿（図），意即皿中食物已没了，所以盡(尽)有终盡(尽)的意思。

盤(盘)

甲骨文盤(盘)（図），象形字，是盘的竖写，横写应为"図"，上部为盤(盘)体，下部为圈足。因盤(盘)（図）侧面形与舟相似，故逐渐讹变为舟。金文盤(盘)（図），形声字，以皿（図）为形符，般（図）为声符。凡、盤(盘)原为一字。"図"被假借作凡。

盟

盟，《说文》："杀牲歃血"以为盟。

甲骨文盟(）,正像器皿（）内滴血"〇"，至周代金文(一)盟（），这滴血逐渐讹变，金文(二)盟（），由会意字变为形声字，以血（）为形符，明（）为声符。

盈

盈，装满为盈，引申为丰满、旺盛。

甲骨文盈（），会意字，像光脚的人""在浴盆""里，水满会意为盈，人两侧的小点为水滴。金文盈（），人和脚（）俱在，只是变为""。隶书盈，人形变为"乃"，脚脱离人体单独成"夕"。三种字体只是浴盆变化不大。

盥

盥，洗手为盥。洗手间又叫盥洗室。

甲骨文盥（），会意字，像一手（）在皿（）中洗，手上小点为溅起的水滴。金文盥（），将水（）置于皿上，为双手（）在水中洗，会意为盥。

2. 盛食物的器皿(一)——豆部

带盖的豆

豆

豆,商周时代一种盛食物的器皿,形状像高脚盘,或有盖。多陶质,也有青铜质、木制涂漆,后世也做礼器。

甲骨文豆(豆),象形字,金文豆(豆),豆上一横表示有盖,豆中一横表示盛的食物。后借为豆类植物的豆,逐渐代替了菽字。本篇解读的是作为盛器的豆。

禮(礼)

豊,古时祭祀用的礼器,《说文》:"豊,行礼之器也。"豊现写作禮(礼)。

甲骨文豊(豊),会意字,像两串玉(玨)放在豆(豆)中,敬奉神祖,故豊引申为行礼(礼)之礼。小篆禮(礼)(禮),变为形声字,增供桌示(示)为祭祀的形符,豊为声符。

豐(丰)

豐(丰),豆中所盛食物已丰满为豐(丰)。

甲骨文豐(丰)(豐),会意字,像豆(豆)中盛满了食物"丰丰"。豐(丰)、豊(礼)本为一字,用法不同,遂分化成两字。

3. 盛食物的器皿(二)——皀部

出土青铜器"簋"

皀即簋，为古代盛食物的器皿。皀、簋本为一字，作部首时，只用皀。由皀构成的字，如：食(见156页)、即(见17页)、既(见37页)、卿等。

甲骨文(一)簋(𣪘)，象形字，像圆腹、大口、圈足的簋，内盛满食物的样子。甲骨文(二)簋(𣪘)，像一手持勺向簋中取食的样子。金文簋(𣪘)，勺形不明显，但仍为一手持物向簋中取食状。金文簋的最简形仍为"𣪘"。隶书簋增"竹"、增"皿"做形符，均为簋的繁化。

汉画象石中双人饮宴图

甲骨文卿(𨍋)，本为飨的初文、本字，用酒食款待人为飨。卿本像二人(𠂉 𠂊)对食具簋(𣪘)而坐，共同用餐之形。后把为陪君王共餐的卿字，引申为古代高官。遂如今见到卿字，只知道是公卿之卿，想不到实是表示公卿们在盛宴了。

4. 酒尊——酉部

河南偃师出土商代大口尊，为灰陶制贮酒器，与"酉"字形极似

酉

 甲骨文　 金文　 隶书

甲骨文酉（ ），象形字，本像酒尊之形，借酒尊为酒字。凡酒及类似的酿造物多用酉做形符。

酒

甲骨文　金文　隶书

甲骨文、金文中酉、酒本为一字，酉（ ）本为象形字，像酒尊形，以酒尊代表酒。酉借为地支第十位后，为与酒加以区别，遂在酉边加水（ ）为酒专用字。酒成为形声字，以水（ ）为形符，酉（ ）为声符。

配

 甲骨文　 金文　隶书

配，分配、配给。

甲骨文配（ ），会意字，一人（ ）跪坐在酒尊（ ）前，分酒与众人的意思。"己"是一跪姿之人（ ）讹变而来。

醜（丑）

 甲骨文　 小篆　 隶书

甲骨文醜（丑）（ ），会意字，由一酒尊（ ）和一鬼（ ）构成，意即一人喝醉酒成酒鬼，令人憎恶，引申为醜（丑）恶样。

甲骨文奠(　)，会意字，像酒樽放置在地面(　)上，以表示祭奠。金文奠(　)，字的下部像酒尊置于一个有支架的座上。

酱，自古便有制作肉酱或腌制酱菜的习惯。

金文酱(酱)(　)，形声字，以酉(　)为形符，酉即坛、罐类器皿，用以盛酒或盛酱菜，床(　)为声符。小篆酱(　)，增肉(　)，说明腌制的为肉酱。

5. 酒具——角部

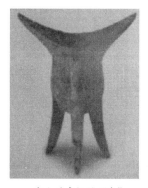

出土的青铜器"角"

角，商代和西周初期的酒器，青铜制，形似爵而无柱，用于温酒或盛酒。角为古代酒器的代表，所以觯、觞、觥等酒器均以角为形符。

觥 觥(小篆) 觥(隶书)

觥，古代一种酒器，青铜制，后世也泛指酒器。欧阳修《醉翁亭记》："觥筹交错，起坐而喧哗者，众宾欢也。"觥，即指酒器。

出土商代青铜器"觥"

小篆觥（觥），形声字，以酒器角（角）为形符，光（光）为声符。

觞 觞(金文) 觞(小篆) 觞(隶书)

觞，盛酒的酒杯。向人敬酒或自饮也称觞。宋代范成大诗："听此兄弟语，把酒不能觞。"

金文觞（觞），形声字，以爵（爵）为形符，昜（昜）为声符，昜为阳的古文，读音同阳。小篆觞（觞），变为以角（角）为形符，爵和角同为酒器，可以互相置换。

6. 陶器——缶部

缶(甲骨文) 缶(金文) 缶(隶书)

缶

缶，本指古代盛酒的一种陶器，大肚小口，上无盖，即今称为陶罐。

甲骨文缶(𦈢)，会意字，是由制陶工具午和陶坯构成。下部"𠙵"为缶坯，上"𠂇"为制匋的工具——午。至金文缶(𦈢)，制陶工具午(𠂇)演变为"𠂊"。缶，也泛指陶器，所以作为陶制品的形符，如：罐、瓶、缺等。

罐

小篆罐(𦈢)，形声字，以缶(𦈢)为形符，表明为陶罐，雚(𦈢)为声符。

缺

小篆缺(𦈢)，会意字。左边是陶器缶(𦈢)，右边是打击符号"𠂇"，像一手持物击打缶，陶器怎经得住击打？因此会意为残缺之缺。

釜

釜，古代炊具，圆形，口略小，双耳无足，放在灶上，其用途类似煮饭用的锅，陶制，也有金属制。

金文釜(𦈢)，形声字，以陶器缶(𦈢)为形符，父(𠂇)为声符。因后期制造的釜，有铁制，也有铜制，所以小篆釜(𦈢)，变为以金(金)为形符，父(𠂇)为声符，隶书釜(釜)将父、金合写。

7. 瓦(陶器)——瓦部

瓦，用土烧成覆盖在屋顶的建筑材料。也泛指陶器，陶器亦称瓦器。

陶文瓦(且)，象形字，像瓦联接在一起的样子。下列由瓦构成的字，多为陶器。

瓶

金文瓶()，形声字，缶()为形符，表明此瓶为陶瓶，并()为声符，"艹"同"井"。在古文字中，字的左右结构常常可以互换。隶书瓶以瓦为形符，与以缶为形符同，瓦、缶同为陶制品。

瓴

瓴，古代一种盛水的瓦器，与瓶相似。

小篆瓴()，形声字，因瓴为瓦器(即陶器)，故以瓦()为形符，令()为声符。"高屋建瓴"，即在高屋之上，将瓴中水倾注而下，形容居高临下，势不可挡。

甄

甄，制作陶器叫甄陶。

金文甄（图），会意字，由房舍"宀"、陶器"⊗"、土"土"、拿工具的手"又"构成，会意在房舍内，一手持工具制陶即为甄。

甄，现多作识别、选拔等义。

出土的周代青铜甗

甗

甗，古代一种蒸饭的炊具，分上、下两部分，上为甑，像带箅子的蒸锅；下为鬲，鬲为煮水的炊具。

甲骨文甗（图），象形字，上像甑"凵"，下像鬲"冈"。金文甗（图），下为鼎（鼎），鼎用以煮肉，是炊具的代表；鼎上为虎，以虎头"虍"表示，"虎"为声符。因甗最初为陶器，所以，小篆甗（图），增瓦为形符，以虑为声符，变为形声字，鬳、甗也分化成两个字。

8. 煮肉炊具——鼎部

出土的青铜器方鼎

鼎，盛行于商周时期的炊具，用以煮肉或盛肉。或置于宗庙作记刻功绩的礼器，多为圆腹三足，也有方形四足的，有铜鼎、陶鼎两类。

甲骨文鼎（🀆），象形字，像鼎之形。上为鼎体，下为鼎足（详见418页）。

贞(贞)，问卜算卦。

甲骨文贞(贞)（🀆），象形字。古代借鼎（🀆）字为贞(贞)字。后增加卜（ㅏ）以成贞(贞)，为会意字，意即借鼎占卜。隶书贞(贞)下贝字乃鼎讹变而来。

出土的青铜器圆鼎

甲骨文員(员)()，会意字。""为鼎，鼎口有一"○"形，表示此鼎之口是圆形的，即会意为員(员)。隶书員(员)字下方"贝"是由鼎讹变而来。員(员)本为圆的初始字，后来，员被借为它义，遂另造圆字。

則(则)，刻画叫則(则)。

金文則(则)()，会意字，左为鼎()右为刀()，意为用刀在鼎上刻画。后引申为法典、准则(则)。小篆則(则)左半部之贝，是由鼎讹变而来。

9. 煮饭炊具——鬲部

出土青铜器"鬲"

鬲(鬲)，古代一种炊具，有陶制和金属制两种，圆口，三足，足为空心，用以煮饭、煮水。

甲骨文鬲()，象形字，像鬲之形。由鬲做形符的字，多与古代炊具有关。

全文粥()会意字，由煮饭炊具鬲()和米()构成。以鬲煮米会意为粥。小篆粥()，增"﹛﹜"为鬲的外壁，意为米在鬲内。隶书粥(弓米弓)，省略鬲，只留鬲壁。

兩(两)

甲骨文兩()，会意字，像两个炊具鬲()放在一起，会意为两。金文兩()，为了便利将两鬲合写。

徹

甲骨文徹(），会意字，由炊具鬲（）和丑（）构成，丑（）即手指弯曲的手。煮完饭，用手撤去炊具，会意为徹。金文徹（），写作双手持鬲，其义相同。

10. 舀酒具——斗部

出土青铜器舀酒具"斗"

斗，古代一种舀酒的器具，似勺，比勺大，有柄（另有量粮食的斗，量粮之斗很大，无柄，多为方形）。唐李白诗"金樽美酒斗十千"。

甲骨文斗（），为舀酒的斗，象形，有一长柄。用此斗做部首的字多与酒有关，如：斜、斟等。

升,古代舀酒的一种酒具,与斗形状相似,比斗小,十升为一斗。

甲骨文升(🜚),象形字,有升头及把手,升内一点指事此处盛酒,两侧小点为溅出的酒滴,升(🜚)内加一点也是与斗(🜚)相区别。

斛,古代一种量器,十斗为一斛。

金文斛(🜚),会意字,角(🜚)为古代的一种酒杯,斗(🜚)为舀的工具,意即量酒。小篆斛之斗(🜚)变形太大,已失去斗的形状。

11. 饭勺——匕部

西周时代的铜匕

匕,古代一种取食的餐具,长柄浅斗,形状与饭勺、汤匙相似,其头部尖而薄,可以取饭,也可叉肉。

甲骨文匕(🜚),像匕之形。因匕与短刀有类似之处,所以后世也称短刀为匕首。

旨

旨，美味。

甲骨文旨(占)，会意字，由类似勺子的匕(𠤎)和口(口)组成，表示以"匕"将美食送入口中。金文旨(占)将口写成甘(甘)，口、甘在甲骨文中常混用，甘作甜讲，亦是美味，其义不变。

嘗(尝)

嘗(尝)，品嘗(尝)美味。旨为美味，所以，金文嘗(尝)(嘗)，以旨(占)为形符，尚(尚)为声符，为形声字。

匙

匙，即小勺，与"匕"为同类食具，所以小篆匙(匙)以匕(𠤎)为形符，是(是)为声符，为形声字。

12. 勺——勺部

河南偃师唐墓出土的酒勺

勺

甲骨文勺(勺)，象形字，古时舀酒的用具，用以从樽中舀酒。其形像今日之汤勺，敞口、有柄，勺中一点像所舀的酒类。

酌

酌，斟酒和饮酒均称酌。陶渊明："引壶觞以自酌，眄庭柯以怡颜。"

金文酌（），会意字，由酒（）和舀酒勺（）构成，会意以勺舀酒行觞为酌。

十一 日常物品形篇

类别	图形	甲骨(金)文	部首	有关字例
扫帚			帚	帚、婦(妇)、寢(寝)、歸(归)、侵
箕子			其	箕、僕(仆)、糞(粪)、棄(弃)
臼			臼	臼、舂
杵			午	午、御、秦
床			爿	牀(床)、妝(妆)、夢(梦)
笔			聿	聿、君、筆(笔)、書(书)、畫(画)、晝(昼)

竹简		冊	册	册、典、嗣
匚		匸	匚	筐、匠、匿、匪、區(区)
口字形物体		口	口	吉、同、品、喜、會(会)、曹
木片		片	片	片、版、牘(牍)

1. 扫帚——帚部

帚

帚，笤帚、扫帚之类的清扫工具。

甲骨文帚（𣍘），象形字，"彐"为帚头，"冖"表示捆扎的意思。

婦（妇）

甲骨文婦（妇）（𡢃），会意字，像一个女人（𠂇）拿着扫帚（𣍘）的样子，清理房院为婦（妇）女的事，意即持帚女人为婦（妇）。

寢（寝）

甲骨文寢（寝）（𡩟），会意字，房屋（宀）内有笤帚（𣍘），表示清扫房间以供人睡觉为寢（寝）。隶书加床"爿"，表示睡觉或卧室的意思更明显。

歸(归)

古代女子以丈夫家为家，所以，女子出嫁叫歸(归)。丈夫家是妇女的歸(归)宿。

甲骨文歸(归)，会意字，扫帚"" 表示妇女，""本指臀部，引申为住所，"彳"或"止"均表示行走的意思，会意为妇女住所的变动。

侵

甲骨文侵()，会意字。由牛()、扫帚()和一手()构成，会意一手持帚打牛为侵。后假借为侵伐之侵。小篆侵()将牛置换为人()，演变为持帚打人为侵。

2. 箕子——其部

箕

箕，即箕子，盛垃圾的器具，也有用以簸粮食的叫簸箕。

甲骨文箕()，象形字，像箕子的形状，三面有边，一面敞口。隶书箕是形声字，以竹()为形符，其为声符。

僕(仆)

僕(仆)，僕(仆)人，侍从。

甲骨文僕(仆)（ ），会意字，像一个头顶辛（ ）（辛为有罪之人标识，多指奴隶），戴有尾饰（ ）的人（ ），正拿箕（ ）清理垃圾，做苦役，此种人会意为僕(仆)。金文僕(仆)（ ）因人形已失，所以加人（ ）做形符，業（ ）做声符。

糞(粪)

甲骨文糞(粪)（ ），会意字，像双手（ ）拿扫帚（ ）和箕（ ）清理垃圾。小点表示垃圾物，即清理糞(粪)。小篆将垃圾讹变成米（ ），将箕（ ）讹变为田，将双手（ ）讹变为共。

棄(弃)

甲骨文棄(弃)（ ），会意字。由子（ ）、箕（ ）、双手（ ）构成。古代卫生条件差，幼子夭折是常事，亡子只有抛(弃)棄。棄(弃)，便是一子装在箕子里，双手持箕子会意为棄(弃)。金文棄(弃)（ ），将子（ ）写成倒子（ ），更明确此子已死亡。箕（ ）是" "的嬗变。棄现简化为弃，上为倒子，下为双手。

3. 臼——臼部

 甲骨文 小篆 隶书

臼，古代一种舂米的器具，多为石质，中部下凹。《易》："断木为杵，掘地为臼。"

甲骨文臼()，象形字，像中部下凹之形，中间小点为米。

 甲骨文 金文 舂 隶书

甲骨文舂()，会意字，像双手(𦥑)拿杵(丨)在臼(凵)中舂米的样子，以捣去谷物皮糠，这一粮食去皮的办法延续了几千年。

4. 杵——午部

甲骨文 金文 午 隶书

午为杵的原形字，其形状像一根木棍，两头或一头粗大，农

家用以舂米。也有类似其形的兵器，也称杵。

午(杵)与臼

甲骨文午()，本为象形字，像杵的形状。金文午()，上部增“”，表示手持的位置。午被借为它义后，遂另用形声法造杵，以木为形符，表示杵为木质，午为声符。午部的字，便是与杵有关的字，如：御、秦等。

御

甲骨文

金文

隶书

甲骨文御()，会意字，像有一午()在击打一跪姿之人()。金文御()，增示动符号“”，表示杵在上下击打。隶书上述要件俱在，只是重新进行了组合。

秦

甲骨文

金文

隶书

秦，一种香草名。

甲骨文秦()，会意字，像双手持午()在捣双禾()，以便捣成粉末，做香料，这种被捣碎的禾便是秦。后秦字被借为秦国之名。

5. 床——爿部

"爿"是床的象形，横写应为"🛏"，在造字中，一部分以床的本义作为形符，如：床、梦等，大部分以"爿"为声符，如：壯(壮)、狀(状)、妝(妆)等。

牀(床)

金文牀(床)（ ），会意字，像屋（ ）内有床（爿），牀(床)平放应写为"🛏"，是供人休息睡觉的地方。小篆牀(床)（ ）加木，表示牀(床)是由木制成的。

妝(妆)

甲骨文妝(妆)（ ），形声字，一女人（ ）跪坐在梳妝(妆)。形符为女（ ），声符为床（爿）。"爿"与"丬"只是书写时的习惯不同，其义不变。

夢(梦)

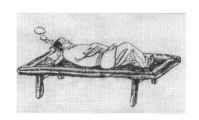

夢(梦)，日有所思，夜有所夢(梦)。

甲骨文夢(梦)（ ），会意字，一个人" "，躺在床（🛏）

上，夢(梦)字横写应为""。头(以目代头)上三点表示夢(梦)意。小篆夢(梦)( )，加了房屋( )，屋内仍有床( )，只是做夢(梦)的人形变化较大。

6. 笔——聿部

聿 　甲骨文　金文　隶书

聿，即笔的古文。

甲骨文聿( )，象形字，像一手( )握笔( )的样子。与聿有关的字，多与手握笔有关。

君 　甲骨文　金文　隶书

君，主宰者，古代大夫以上统治者的通称。

甲骨文君( )，会意字，手持笔( )用口( )发号施令者为君。

筆(笔) 　金文　小篆　隶书

金文筆(笔)( )，会意字，像一只手( )握一只笔(笔)( )，笔杆下有筆(笔)毫。小篆加形符竹( )，表示是用竹子做成的筆(笔)。

書(书) 金文 小篆 隶书

書(书)，用笔書(书)写。

金文書(书)（ ），形声字，書(书)写必用笔，故以笔（ ）为形符，者（ ）为声符。者（ ）是煮的本字，读音zhǔ，诸、猪等字均以者为声符。

畫(画) 甲骨文 金文 隶书

甲骨文畫(画)（ ），会意字，像一手持笔（ ）在划线" "，金文畫(画)（ ），像以笔（ ）划田（ ）界的样子。

晝(昼)  甲骨文  金文 隶书

晝(昼)，白日为晝(昼)。

甲骨文晝(昼)（ ），会意字，像以手（ ）握笔（ ）画日（ ）的样子，表示日出则为晝(昼)。

7. 竹简——册部

甘肃敦煌出土的汉简

 甲骨文  金文 隶书

册

册，古代文书用竹简制成，把一根根竹简编在一起称册，后

来，凡为书籍，均可称册。

甲骨文册（⊞），象形字，像一根根竹简"川"中间用皮条"◯"串起来的样子。串联竹简的皮条称韦，古有"韦编三绝"，即串联竹简的皮条断了三次，意为勤奋读书。

典

标准、法则为典。

甲骨文典（ ），会意字，像双手（ ）捧竹简册（⊞）的样子。竹简上写着标准、法则，故会意为典。金文将双手讹变为"兀"，已失双手的象形。

嗣，继承、接续。

甲骨文嗣（ ），会意字，嗣立长子继承王位，嗣立仪式必读文书，所以嗣字上为长子，即大子" "，下为竹简文书册（⊞）。金文嗣（ ）为形声字，以册（⊞）为形符，司（ ）为声符。

8. 匪——匚部

 甲骨文匚()，像供奉祖先、神主的匣子。其形若平放呈"凵"，像竹编的筐、匣一类的盛器，可盛物。

 金文 小篆 隶书

筐，古代盛饭的用具。

金文筐()，形声字。以匚(匚)为形符，"㞢"(往的省写)为声符。小篆、隶书变为以竹为形符，匡为声符。

 金文 小篆 匠隶书

匠，《说文》："匠，木工也。从匚，从斤。斤也可作器也。"

金文匠()，会意字，斤(斤)类似木工使用的锛子，用斤可以制器具，如可做"匚"。此即为匠，匠人、工匠。

匿 金文 匿小篆 匿隶书

匿，隐蔽、躲藏。

金文匿()，形声字，形符为匸(匚)，像可供隐蔽的地方，若(屮)为声符。

 金文 小篆 隶书

匪，古代筐一类的竹器名。现在常用的土匪之匪为假音字。

金文匪( )，形声字，两个形符，"匚"表示筐一类的形符，竹( )表示此物为竹制，非( )为声符。

區(区) 甲骨文 金文 隶书

《说文》："区，藏匿也。"

甲骨文區(区)( )，像很多物品"品"藏在"匚"样的器物中。现在使用的區(区)划、區(区)别之區(区)均为假音字。

9. 口字形物体——口部

 这一部分带口的字，其口字表示口字形器物，如台阶、底座等，也泛指一般器物，与口舌之口无关。

吉

甲骨文(一)　甲骨文(二)　金文　隶书

甲骨文吉（ ），会意字，像置斧钺（△）于台（ ）上。假借为吉祥、吉利之吉。原义已不明。

同

甲骨文　金文　隶书

甲骨文同（ ），会意字。像上下两件物品" "、" "合在一起。《说文》："同，合会也。"所以合、同、会其义相近。

品

甲骨文　金文　隶书

品字的本义为众多，" "表示一个抽象的器物。

甲骨文品（ ），为三个器物放在一起，会意为品，表示器物众多。品尝之品是其引申义。

喜

甲骨文　金文　隶书

甲骨文喜（ ），像将一鼓（ ）置放在一座物上，以表示有喜庆之事，会意字。此口（ ）表示鼓座。

甲骨文會(会)()，会意字。中间像古代做饭用的炊具曾(甑)，上加一盖"＾"，甑与盖上下相合，意即为會(会)合。會(会)下之日为甑下烧火的器物，由"凵"演变而来。

甲骨文曹()，像两个口袋"𣍝𣍝"，放在一器物"凵"上。金文曹()，将"口"演变为"日"，原义不变。曹被借为古国名、姓氏。

10. 木片——片部

片，木的一半，本指木片，引申为扁而薄的东西，如：竹片、纸片等。

甲骨文片(片)，像树木(木)去掉了一半，而木的树枝和根也被砍去，指事符号"丬"表示砍去的地方。砍去树枝只剩树干，树干再劈成两半，意为木片(或木板)。

版

版，板的本字。古时书写用的木片，后多指书籍、印刷物的版本、版面等。

小篆版（𤕝），形声字，以片（片）为形符，反（反）为声符。

牍（牍）

牍（牍），古时写字用的木片，也称木简。引申为书信、公文、书籍。

小篆牍（牍）（牍），形声字，以片（片）为形符，卖（卖）为声符。"卖"与"賣"本为两字，因字义和字形相近，至隶书混为一字。"卖"在做声符时，与卖（賣）不同，读音dú，如：渎（渎）、读（读）、椟（椟）、黩（黩）、牍（牍）等。

十二 财宝形篇

类别	图形	甲骨(金)文	部首	有关字例
金属			金	金、鈴(铃)、銘(铭)、鐘(钟)、銅(铜)、鍾(钟)、鑒(鉴)
玉			王	玉、班、瑱、璞、環(环)、璧
古钱币			貝(贝)	貝(贝)、責(责)、貯(贮)、賓(宾)、賊(贼)、賞(赏)、賦(赋)、贏(赢)、寶(宝)、貿(贸)、賢(贤)、賣(卖)、貨(货)、嬰(婴)

1. 金属——金部

金文　金 小篆　金 隶书

金，在古代指铜，稍后又成为金属类的总称，最后才成为金银之金。为了把前后两种概念的"金"区分开，遂将前者改叫铜，意即与早期的金相同。

金文金（），会意字，"△"像熔铜用的坩锅，锅口朝下，"王"为浇铸铜器的陶范，"："代表铜锭，会意熔铜所铸造的器具为金属。

鈴(铃)　鈴 金文　鈴 小篆　鈴 隶书

鈴(铃)，铜铃。

金文鈴(铃)（），形声字，铃的材质是金属，所以以金（金）为形符，令（令）为声符。

銘(铭)　銘 金文　銘 小篆　銘 隶书

銘(铭)，古代铸刻在钟鼎等青铜器上的文字。

金文銘(铭)（銘），形声字，銘(铭)文在金属器上，故以金（金）为形符，名（名）为声符。

鐘(钟)

鐘(钟)，指古代一种青铜制作的打击乐器，中空，用铜或铁制成，悬挂在架上用槌叩击发音。

金文鐘(钟)，形声字，以金为形符，童为声符。

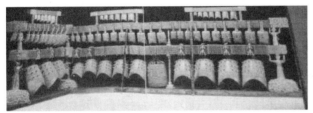

湖北随州出土的编钟　　青铜钟

銅(铜)

銅(铜)在古时称金。后世为了与金相区别遂另造銅(铜)字。

金文銅(铜)，以金为形符，同为声符，"同"兼有与金"相同"的含义。

鍾(钟)

鍾(钟)，古代一种酒具，现也称盅。

金文鍾(钟)，形声字，鍾(钟)为铜质，所以以金为形符，重为声符。鍾、鐘都简化为钟，一为酒钟之钟，一为钟鼓之钟。在古时，两者的声符不同，写法不同。

鉴(鉴)，其本字为监(详见168页)，古代盛水的大盆。古代在没有玻璃镜之前，可做镜用，所以铜镜又称鉴(鉴)，古人云："以铜为鉴可正衣冠，以古为鉴可知兴替，以人为鉴可明得失。"

金文(一)鉴(鉴)()，会意字，像一低头人( )在皿( )上照。金文(二)鉴(鉴)( )，皿上加形符金( )，表明此鉴(鉴)为金属。隶书鉴(鉴)，将目( )变作"臣"，将人( )变作" 页，将皿( )变作"四"，"金"放在字下方。

2. 玉——王部

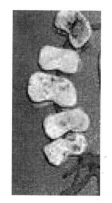

玉，是一种细密、温润而有光泽的美石，一般用作高级工艺品或装饰品，古代视玉为宝，可作饰物佩戴，或制成玩物把玩。

甲骨文玉( )，象形字，像一根丝线串起四个玉片。金文玉( )，丝线没出头，像"王"字，实与王无关。金文王、玉不易分，为防止误解，遂将王字加一点为玉，以区别王。玉作为部首，都写成王，实际均是与玉有关的字。

班

班，分瑞玉叫班。瑞玉是古代玉做成的一种信物，一分为二，各执一半，两者合一为信。

金文班（班），会意字，中间一刀（），左右各一玉"玨"，会意以刀分玉为班。

璜

璜，半圆形的玉，像璧的一半。

金文璜（），形声字，以玉（玉）为形符，黄（黄）为声符。黄，本身就是一个人（大）身上佩戴玉"〇"。此玉便称"黄"，是璜的本字。后黄被借为黄色之黄，遂再增玉为形符，造璜字。

璞

(详见427页)

環(环)

環(环)，璧的一种，圆形玉器，中间有圆孔。

金文環(环)（），形声字，以玉（玉）为形符，睘（）为声符。

出土的玉环

璧，玉的一种，平圆形，正中有圆孔，古代贵族用以祭祀、朝聘、丧葬时作礼器，或用作装饰物，也泛指美玉。

金文璧，形声字，以玉（王）为形符，辟（辟）为声符。

3. 古钱币——贝(贝)部

出土的商代贝币

贝(贝)，一种有花纹的类似椭圆形的小贝(贝)壳，名琥珀贝，古代作为货币，很珍贵。秦以后废除贝(贝)币，实行钱币。

甲骨文贝(贝)，象形字，像贝(贝)之形。下列贝(贝)部的字，多与货币和钱财有关。另有一部分带贝(贝)的字，是由鼎演变过来的，与货币无关，如员、贞等（可参见179页鼎部）。

甲骨文责(责)，形声字，贝为形符，朿为声符，朿即刺的初文。

貯(贮)

贮(贮)，贮(贮)藏财宝。

甲骨文贮(贮)(图)，会意字，由贝(图)和宁(图)构成，宁(图)是橱柜类家具的象形字，会意将贝贮藏在橱柜里。金文贮(贮)(图)，将贝移至橱柜外，变为会意兼形声字，以贝为形符，以宁(读音zhù)为声符。宁与宁(宁)的简化字相同。

賓(宾)

甲骨文賓(宾)(图)，会意字，像有人(图)自室外至室内，"止"表示来人走进，"宀"表示房屋。金文加贝(图)，表示来宾的珍贵，如同贝一样。

賊(贼)

金文賊(贼)(图)，会意字。像人(图)持戈(图)，掠夺贝(图)，贝代表财物。賊(贼)也有破坏之义，以戈击毁财物(贝)，和以攴(图)击贝的"败"义同。

賞(赏)

賞(赏)，奖赏(赏)，用财物奖赏(赏)有功之人。

金文赏(赏)(🔾)，形声字，以代表财物的贝(🔾)为形符，尚(🔾)为声符。

赋(赋)，征收税。

金文赋(赋)(🔾)，形声字，税即征收钱财物，故以贝(🔾)为形符，武(🔾)为声符。古文字中，字的某一组成部分，常常移位，所以贝位在字下或字左，其义不变。

赢(赢)，做买卖获得利润为赢。

金文赢(赢)(🔾)，形声字，赢，则为赢钱，以货币贝(🔾)为形符，以"🔾"为声符，"🔾"是一种虫，其头和虫体裂变为"🔾"。

甲骨文寶(宝)(🔾)，会意字。像室(🔾)内有贝(🔾)和玉(🔾)，贝为殷代的货币，称贝币，玉为名贵的饰物，室内有贝、玉会意为寶(宝)。金文寶(宝)(🔾)，增缶(🔾)为声符。

貿(贸)

貿(贸)，交易、貿(贸)易。

金文貿(贸)( )，形声字，貿(贸)易就要有货币交换，所以以古代货币贝( )为形符，卯()为声符。

賢(贤)

金文賢(贤)( )，形声字，以贝( )为形符，说明賢(贤)人宝贵似贝，臤( )为声符，臤读音为xián。

賣(卖)

賣(卖)，与買(买)相对。買(买)为进货，賣(卖)为出货。所以買(买)为罒( )，賣(卖)为出( )。小篆賣(卖)( )，会意兼形声字，由出( )和買(买)( )构成，買(买)亦做声符。隶书将賣(卖)上之"出"，变异为"士"，失去了賣(卖)出的含义。

貨(货)

貨(货)，商品。以商品可以转化为钱币贝。

金文貨(货)( )，会意兼形声字，由化( )和贝( )构成，化物为贝谓之貨(货)，化兼做声符。

婴(嬰)，本指古代妇女戴在颈项上的饰物，如同现代的项链，项饰是由小贝串联在一起做成的，古体写作"賏"。

金文婴，会意字，由贝和女构成。女上部有一指事符号"つ"，标明此处即颈部(脖子)，为挂"賏"之处。两形会意为女人挂在颈部的贝为婴。小篆婴，将贝写成双贝"賏"，说明贝之多，更贴近字义。婴，现多作初生婴儿讲。

十三 房屋形篇

类别	图形	甲骨(金)文	部首	有关字例
人口居住地		邑	阝(邑)	邑、邦、都、郭、鄉(乡)
房屋(侧面)		广	广	庫(库)、廣(广)、廟(庙)、廬(庐)、府、厠(厕)、厨、廳(厅)
房屋		宀	宀	向、安、宗、宫、宿、寇、寧(宁)、寒、寡、實(实)、宅、定、室、宣、家、客、宋、塞、寓、守、富、宏、宇、牢
房顶		亼	亼	舍、余、倉(仓)

类别	图形	甲骨(金)文	部首	有关字例
门		門	門(门)	門(门)、問(问)、閉(闭)、間(间)、開(开)、闢(辟)、關(关)、閑(闲)、闌(阑)
一扇门		戶	户	户、啟(启)、肇
窗		◎	囪	窗、明
亭类建筑顶部		亼	亠	京、亭、享、高
仓库		㐭	亩	廩、嗇(啬)、牆(墙)

1. 人口居住地——阝(邑)部

邑

邑，古代称城市、县或国家为邑，也泛指一般城镇。

甲骨文邑()，会意字，"口"像方形城池或居民地，""为人跪坐的样子，实则泛指人形，意即人聚居的场所。隶书将""讹变成"巴"，失去了人形。在楷书中，邑演变成部首"阝"，置于字的右侧，下列"阝"部的字大都与人居住地有关。

邦

邦，泛指国家，亦指边界。如：家邦、邻邦等。

甲骨文邦()，会意字，像植树木()在田(田)界上。金文邦()，形声字，由象征城邑的邑(阝)为形符，丰(丰)为声符。

都

都，古代指有先君祖庙的都邑，亦指大都市。

金文都(𦎧邑)，形声字，以都邑之邑(阝)为形符，表示这是人口聚居的地方，者(者)(读音zhǔ)为声符。

郭，外城。李白送友人诗："青山横北郭，白水绕东城。"北郭即北面的外城墙。

甲骨文郭（ ），象形字，像城"□"的南北有城楼"介"形。小篆将象形字变为形声字，以邑（ ）为形符，以"亯"为声符，"亯"是郭的本字。

郷(乡)本即古人饮宴

郷（乡）

甲骨文郷(乡)（ ），由对坐的双人（ ）和食器簋（ ）构成，为饗字的初文，饗指用酒食招待客人，陪君王共餐为卿，因宴请时须向食器而坐且离的很近，故又引申为郷(乡)。小篆将双人（ ）嬗变为双邑（ ）。" "分化为郷(乡)、饗(飨)、卿三字。

2. 房屋(侧面)——广部

"广"是房屋的侧面形，有屋顶和一堵后墙，在造字中，

"广"与"宀"、"厂"其义相同，均作为房屋的形符，"厂"实与"广"同义，且常通用，如：厅可写作廳，厕可写作廁，厦可写作廈，厩可写作廄等。还有一部分由"厂"作部首的字与山崖有关(见358页)。

庫(库)

庫(库)，古代收藏兵器和兵车的地方，今多写作仓库(库)。

金文庫(库)(![庫])，会意字，像房(![广])内停有一车(![車])的样子，停车的房会意为库。

廣(广)

廣(广)，本义为没有四壁，只有顶盖的大屋，喻视野宽廣(广)。

甲骨文廣(广)(![廣])，形声字，以房屋符号" ![宀] "为形符，黄(![黄])为声符。金文廣(广)(![廣])，变为以" ![广] "为形符。

廟(庙)

廟(庙)，供奉先祖或神仙的房屋形建筑。

金文廟(庙)(![廟])，形声字，形符为像房屋的" ![广] "，朝(![朝])为声符。

廬（庐），简陋的小屋。

金文廬(庐)（ ），形声字，像房屋的"广"为形符，表示廬(庐)为房屋，卢（ ）为声符。

府，本义为储藏财物的处所。

金文府（ ），形声字，像房屋（ ）内贮藏贝（ ），贝即财物，做形符。付（ ）为声符。小篆府（ ），省去"贝"，仍为形声字。

厕(厕)，厕(厕)所。古代猪圈也叫厕。

小篆厕(厕)（ ），形声字，以广（ ）为形符，则（ ）为声符。

厨，炊事用房。

小篆厨（ ），形声字，以房屋"厂"为形符，尌（ ）为声符。

甲骨文廰(厅)()，形声字，以房屋"宀"为形符，聽为声符。隶书廰(厅)(廰)，以"厂"为形符。

3. 房屋——宀部

"宀"为房屋的简形，由房顶和墙构成，多作为与房屋有关字的形符。

向，指窗户，如闭户塞向，即关闭房门堵塞窗户。

甲骨文向(向)，会意字，"宀"为房屋，"口"为窗户，会意室内的窗即为向。

安

甲骨文安(安)，会意字，女子(女)在屋(宀)内，喻意安定、安全。

宗

宗，祖庙。

甲骨文宗(宗)，会意字，由庙宇(宀)和供桌(丁)组成，像祖庙内供奉神主之形，会意为宗。

宫

宫，本为房屋的通称，多指大型房屋室内有室，秦以后，宫则专指帝王处理公务和居住的场所。

甲骨文宫(宫)，会意字。"宀"表示为房屋，内作二口(吕)或三口或口口相连，表示室与室相连之意。

宿

宿，夜晚睡觉，住宿。

甲骨文宿(宿)，会意字，像屋(宀)内有一人(亻)卧于席(日)上，表示宿的意思。隶书将席(日)讹变为"百"，使宿意渐晦。

金文寇(　)，会意字。由室(宀)、人(　)、手持械行凶者(　)构成，"　"为打击符号，会意人在室内被一手持械所击，击人者为入室抢劫的贼寇。

宁(宁)，安宁(宁)。

甲骨文宁(宁)(　)，会意字。由房(宀)、皿(　)构成，像屋内有饮食器皿，喻义为安宁(宁)。金文宁(宁)加心(　)，有饮食则心宁(宁)。

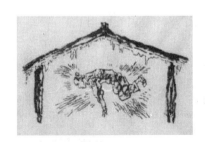

金文寒(　)，会意字，由室(宀)、冰(　)、人(　)、草(　)四形构成，会意室内一人以草遮体，且室内寒冷如冰，喻意为寒。

 寡，妇女丧夫为寡。

金文寡（ ），会意字，像一人（ ）在室（ ）内，面带泪丧孤独的样子，会意为寡妇。寡又引申为少。

實（实），富裕，家道殷實（实）。

金文實（实）（ ），会意字，房屋（ ）即指家，这家中有田产（ ）和货币（ ）故富足，富足即實（实）之本义。小篆将田、贝演变为贯。

宅，房舍，住处。

甲骨文宅（ ），形声字，"宀"为形符，表示宅为房屋，乇（ ）为声符。

定，安定。

甲骨文定（ ），形声字，以房屋（ ）为形符，正（ ）为声符。有居室方可安定。

室

室，房间，房屋。

甲骨文室()，由房屋(∩)、至(至)构成。至，到达，所到达的房屋即为室。至又做声符，会意兼形声字。

宣

宣，商代宫室名。

甲骨文宣(合)，形声字，"∩"为房屋做形符，"曰"(亘)为声符。回旋为"亘"，读音xuān。

家

家，居住的房屋。

甲骨文家(合)，会意兼形声字，屋(∩)内有一只公猪(豕)。公猪，即豭，读音jiā，甲骨文写作"豕"，猪腹下有公猪生殖器，后简化作豕，去掉了公母之分。室内养猪，会意到了家，豭(豕)又是家的声符。

客

人到家中为客。

金文(一)客(客)，会意兼形声字，由房屋(∩)和各(各)构成，各，意即脚走向居住地，是来的意思，两部分合成为有人来到室内，会意为客，各兼做声符。金文(二)客( )，屋内增人( )，来客之义更明显。

宋

宋，《说文》："宋，居也。"居所叫宋。

甲骨文宋( )，会意字，由房屋( )和木( )构成，像以木( )为梁柱的房屋。

塞

塞，堵塞。

甲骨文塞( )，会意字，像双手( )将"II"塞满屋子，"丑"与"II"同义。隶书塞字增"土"，又含以土堵塞之义。

寓

寓，居住的地方。

金文寓( )，形声字，以房屋( )为形符，禺( )为声符。

守

金文守（ ），形声字，以房屋（ ）为形符，以手（ 、 ）为声符。寸（ ）、又（ ）均为手。

富

富，富有，财富。

甲骨文富（ ），会意兼形声字。由房屋（ ）和酒坛畐（ ）构成，会意家中有酒便为富，畐又兼做声符。

宏

宏，宽大的意思，房屋宽大。

金文（一）宏（ ），形声字，以"囗"为形符，弓（ ）为声符。金文（二）宏（ ），以"宀"为形符，弘（ ）为声符。"囗"像房屋四面墙的轮廓，与"宀"同义，均表示房屋。弓（ ）、玄（ ）、弘（ ）均为声符，三者相通。

宇

宇，本指房檐，泛指房屋。又指上下四周所有空间，如：宇

宙。

金文宇()，形声字，以房屋""为形符，于()为声符。

牢，本指养牲畜的圈。如：亡羊补牢。

甲骨文牢(🐄)，会意字。"🔲"为围栏或圈墙，内有牛(牛)或羊(羊)可写作"🐄"、"🐏"。金文牢(🐄)，与甲骨文结构相同。小篆仍保持围栏形，只是出入口加了一道栅栏，写作"🐄"。隶书将围栏变化为房屋(宀)后，牢字被借为监禁犯人的房间。一般监禁犯人的房间都修建得很牢固，故牢字引申为牢固的意思。

4. 房顶——亠部

亠，即人字形房舍顶部的象形，其写法与倒写的口相似，为同形异义，在解读时要严加区别。

舍

舍，即房舍，住宅。

甲骨文舍（舍），即像有屋顶、梁柱和台基之形。"舌"融在房舍形中，做声符。

余

余，房舍，与舍同义。

甲骨文余（余），象形字，像以木（丫）支撑人字形屋顶"△"的简易房屋。金文余（余）增两点为装饰符号。"余"在殷代便被借为第一人称代词，相当于"我"。

倉（仓），粮食仓库。

甲骨文倉（仓）（倉），会意字，"△"像仓顶，"口"像仓体，"尸"为一户，户即一扇门，供进出仓的小门，会意为倉（仓）。

5. 门——門(门)部

門(门)

甲骨文門(门)(𝌀),象形字,像两扇門(门)的形状。一扇为户(户),两扇为門(门)(𝌀),門(门)与户均为房屋出入口,常联用,如:門(门)当户对。

問(问)

甲骨文問(问)(𝌀),会意兼形声字,門(𝌀)内有口(口),問(问)门外何人?门兼做声符。

閉(闭)

閉(闭),关门。

金文閉(闭)(𝌀),会意字,像門(𝌀)中有一门闩(—)将门闩关闭状。小篆将门闩(—)讹变为才(才)。

閒（间）

閒，古汉语中即间字，本意为间隙之间。

金文閒（），会意字，门（門）内可望见月（）光，是门有间隙之故。间隙，门关闭时留下的缝隙。閒后与闲通用，已非閒的原义，后来分化出"間(间)"。

開（开）

古文開(开)（），会意字，像门（門）内有双手（）开启门闩（一）状，以示開(开)门。隶书将双手和门闩合写成"开"。开即開的简化字，实是舍去了门，只以双手和门闩表示。

闢（辟）

闢(辟)，作开讲，开闢(辟)。

金文闢(辟)（），会意字，由门（門）和双手（）构成，双手的方向是向外的，会意向外开门。小篆闢(辟)（）将会意改为形声，以门（門）为形符，辟（）为声符。

關(关)

金文關(关)（ ），会意字，由门（門）和门闩（ ）构成，会意像關(关)门上闩。关口之关为引申义。

閑(闲)

金文閑(闲)（ ），会意字，门（ ）前有木（ ）做遮拦物，会意屋内无人，他人免进。屋内没人，意为空闲(闲)。

闌(阑)

闌(阑)，栅栏。

金文闌(阑)（ ），形声字，以門（ ）为形符，柬（ ）为声符。

6. 一扇门——户部

户，一扇门为户，借指人家、住户。

甲骨文户（），象形字，一扇门的形状。

启（启）

启（启），开门为启（启）。

甲骨文启（启）（ ），会意字，像一只手（ ）打开一扇门（ ）。金文加""，表示门下是台阶。

肇

肇，作开始或打击讲。

甲骨文肇（ ），会意字，由一扇门（ ）和戈（ ）构成，戈入户，会意战事开始，也即此户遭打击。现多作引起、发生讲，与原义相同，如：肇事者，即引起事端者。

7. 窗——囱部

窗

古文窗（），象形字，像窗有窗格之形。小篆窗（），""上增穴（ ），有穴才有窗，会意字。""又兼做声符。

明，古代纪时名词，指天刚亮的时间。

甲骨文明()，会意字，多由日(）、月(）组成，意为月未落而日已出，即天刚亮之时。或以"囧"（窗，有窗格）和月构成，意即月光照在窗户上为明。

8. 亭类建筑顶部——亠部

"亠"作部首的字，多由亭类建筑物顶端之形演变而来，其形本为"∧"，后演变成"亠"。

甲骨文京()，象形字，像建在高处的宫殿，是王者居住的地方。引申为高、为大。郭沫若谓："京有大义，有高义。更引申之，由丘之高者曰京，狗之大者曰獍，水产物之大者曰鲸，力之大者曰勍，均京之一字之引申孳乳也。"

亭

陶文　小篆　隶书

亭，古代设在路边供人食宿的处所，又称亭子。

陶文亭（  ），形声字，" "像亭之形为形符，丁( )为声符。

享

甲骨文　金文　隶书

享，祭祀鬼神，《孝经》："祭则鬼享之。"

甲骨文享（ ），象形字，像宗庙之形。宗庙享受人间的祭祀，引申为享。

高

甲骨文　金文　隶书

甲骨文高（ ），像楼台高耸的样子，下半部" "像一层楼，上半部" "像楼上还有亭台之建筑，以示高崇，会意字。

9. 仓库——㐭部

廩，粮仓，也泛指仓库。㐭同廩，㐭是廩的古文。

甲骨文廩（ ），圆形粮仓，象形字。金文廩（ ）加房屋"宀"为形符，以示粮仓为屋形。小篆和隶书再加禾（ ）做形符，意即仓内装的是禾穗之粒。

嗇（啬），收获谷物为嗇（啬）。

甲骨文嗇（啬）（ ），会意字，上为小麦（ ），下为粮仓（ ），会意为收获小麦入仓，广义为收获粮食入仓，金文将麦写成双禾。嗇（啬）字后假借为吝嗇之嗇。

甲骨文牆（墙）（ ），形声字，以嗇（ ）为形符，嗇即收获的谷物，床（ ）为声符。

十四 工具形篇

类别	图形	甲骨(金)文	部首	有关字例
农耕具			耒	耒、藉、耕
蚌镰			辰	辰、農(农)、晨、振
锛斧			斤	斤、斧、斯、新、折、所
船			舟	舟、船、艇、航
车			车	車(车)、軍(军)、輔(辅)、輦(辇)、轉(转)、載(载)
网			网	網(网)、買(买)、罰(罚)、羅(罗)、羈(羁)
捕兽具			畢(毕)	畢(毕)、禽、離(离)
工字尺			工	工、巨、矩

商代，生产力很落后，但简单的农业生产、渔业活动、运输、纺织等已经产生，出现了一些简单的生产工具，这些生产工具便是创造与产生有关汉字的重要组成部分。

1. 农耕具——耒部

古代的"耒"

耒，古代用于铲地松土的一种农具，最原始的耒是一端削成尖或扁平状的木棍，有直柄和曲柄两种。为了利于掘土，后来将耒头部分缚以牛骨或尖石，称为骨耒或石耒。耒头又有分叉与不分叉两种，叉上有横木以便于脚踏发力。再后，直柄耒发展为锹、铲类工具，曲柄耒发展为耒耜。耒又专指耒耜的曲柄部分，耜又专指由木质、石质、骨质继之发展为铁质的耒头，合称耒耜。耒耜最初

汉画像石中持耒图

为单人使用，后为一人扶耒耜一人拉耒耜，称为耦耕。随着牛被驯化，人们用牛以助耕，牛耕促进了耒耜向犁的方向发展。

金文耒（ ），会意字，像一只手（ ）握一耒（ ）的样子。小篆耒（ ）将手讹变为三撇，将分叉的耒头讹变为木。耒是古代北方农田劳动代表性工具，所以下列与农田耕作有关的字，都以耒作为形符。

藉

藉，在古文献中天子所耕之田为藉田。

甲骨文藉（），会意字。像一个人（）手拿耒（）在翻土劳作的样子。人下画出一脚（），表示要借脚的力量。金文增""，表示翻过的土块和土坑。藉，后世多写作藉。

耕

耕，犁地。

小篆耕（），形声字，耕地要使用耒，所以耒（）为形符，井（）为声符（北方方言读音）。

2. 蚌镰——辰部

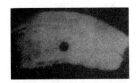

陕西出土的西周蚌镰即辰，中间小孔穿绳系在手上用于切割谷穗

辰，即蜃的初文，因被借用为地支之一，故另造"蜃"字。辰，一种大蚌，古民利用辰的壳作成蚌镰，作为农用工具，后改成铁制，北方农村又称爪镰，可掐割谷穗。

甲骨文辰（），象形字，上像辰的外壳，下为套在手上的线。辰部的字，多与农事有关。

農（农）

（详见422页）

甲骨文晨（），会意字。像两手（）持辰（）之形。辰即蜃，先民利用其壳以除草。《淮南子》："摩蜃而耨。"双手拿着辰（作镰用）往田里去，意即早晨。

振，振动。

甲骨文振（），形声字，以示动符号""为形符，表示一种动作，晨（）为声符。金文振（），以止（）为形符，辰（）为声符，止（）边小点表示振动的感觉。

3. 锛斧——斤部

浙江余姚出土的新石器时代的石"斤"，上缚以木柄

斤，古代一种砍木的工具，与斧相似，刃为横式，类似今日的锛子。

甲骨文斤（），象形字，曲柄，箭头状表示刃为横刃（斧为竖刃）。斤即是古代主要的木工工具，又是古代一种兵器。作为量词的斤两之斤，已是假借字。斤部的字多与砍伐有关。

斧

斧，即斧头，砍木用的工具。

甲骨文斧（ ），形声字，因斧与斤相似，故以斤（ ）为形符，父（ ）为声符。

斯

斯，本做劈开讲。《诗》："墓门有棘，斧以斯之。"劈开需用斤，故金文斯（ ）以斤（ ）为形符，其（ ）为声符。后来，斯被借为代词，相当于"这"、"这样"。

新

新，本义为砍伐的树木，即薪的本字，薪，就是柴。现作为新旧之新，乃是假借字。

甲骨文新（ ），会意兼形声字。像以斤（ ）伐木（ ）之形，木上有辛（ ），辛、木合一，辛亦是声符。

持斤图

折

甲骨文折(𣂐)，会意字，由类似斧头的斤(𣂐)和断木(𣎆)构成，会意以斤将木砍折。双草(𣎆)是断木嬗变，"扌"是双草嬗变。

所

所，伐木声，《诗》："伐木所所。"

金文所(所)，形声字，以伐木工具斤(斤)为形符，户(户)为声符。

4. 船——舟部

舟

舟即船。

甲骨文舟(月)，象形字，像舟(月)竖立起来。金文舟(皿)则是平放状。古者刳木为舟，以作渡河器具。

船

金文船(船)，形声字，船就是舟，故以舟(月)为形符，"㕣"为声符，"㕣"为沿的省略写法。

艇

艇，小舟。

小篆艇（𦨳），形声字，舟（𦩍）为形符，廷（𢑳）为声符。

航

甲骨文航（𠂇），会意字，由舟（𦩍）和手执桨的人"大"构成，像人在持篙撑船，船（舟）与人的双腿合写。"亢"即由正面人形"个"演变而来，也兼做声符。

（五）车——車(车)部

商代两马驾驭的战车模型

車(车)

車(车)是古时重要交通工具，也可做为兵车。古代车主要由车轮(两个)、车箱、车辕、车衡、车轭构成，虽然车的写法不同，但不外乎繁简之别。車(车)轮是车的主要特征，所以不论哪种写法均必有车轮(详见416页)。

金文軍(军)，(🜚)，形声字。以车(車)为形符，匀(🜚)为声符。匀为手(🜚)抱铜锭，是钧的初文。

辅(辅)，绑在车轮外侧用以夹车毂的两根直木，后引申为辅助、辅佐。

金文辅(辅)，形声字，以车(車)为形符，甫(甫)为声符。

辇(辇)，由人引导而行的车称辇(辇)。秦汉以后帝王后妃乘坐的车叫辇(辇)。

金文辇(辇)(🜚)，会意字，由两匹马驾的车(車)和两人(🜚)组成，人在车两侧，强调人的双足，示意人随车跑。小篆辇(辇)(辇)，将两人(夫夫)置于车前，由两人的象形演变为两夫，与形、与义均为贴切。

汉画像石中车马出游图

轉(转)

轉(转)，用车运输为轉(转)。《史记》："车运曰转，水运曰漕也。"现多做轉(转)动解。

金文轉(转)，形声字，轉(转)以车轮转动最为形象，故以车为形符，專为声符，小篆将车简化，仍为形声字。

載(载)

金文載(载)，形声字，装载、运输要以车为工具，所以以车为形符，"" 为声符（"" 为戈的一种写法，原专指兵戈）。

6. 网——网部

网，相传伏羲结网以捕猎、捕鱼。

甲骨文网，象形字，像两根木杆中间张网，此即陆地上捕兽之网。捕渔之网，大体相似。

網(网)

網(网)本为象形字，后逐渐繁化，加 纟 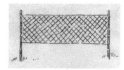 说明網(网)是丝绳，加"亡"做声符，变为形声字。網现已简化为网，简化字网的写法与小篆相同，是網的本字，既简练又明了。

買(买)

買(买), 与"卖"相对, 买为购进。

甲骨文買(买)(), 会意字, 像张网(网)捕贝(贝), 贝为古代钱币。買(买), 就是市场交易, 像张开大网以捕取钱币。

罰(罚)

《说文》:"罚,罪之小者。"

金文罰(罚)(), 会意字。由网(网)、言(言)、刀(刀)三部分构成。网者,捕获。言者,审案判罪。刀者,表示量刑惩处。

羅(罗)

羅(罗),用网扑鸟。

甲骨文(一)羅(罗)(), 会意字。由网(网)和隹()构成, 会意以网捕隹为羅(罗), 隹即鸟; 甲骨文(二)羅(罗)(), 像一人(大)张开网(网)捕鸟(鸟)的样子, 与甲骨文(一)同义。小篆仍有网和隹(鸟), 增加形符纟(糸), 表示此羅(罗)網为丝线编织。

羈(羁)

羈(羁), 牛、马的笼头, 用以牵制牛马。

甲骨文羈(羁)(图),会意字,由"图"(似牛)、"图"(绳索)、"图"(笼头)构成,会意将牛或马的头拴住。小篆羈(羁)(图),演变为由带有绊绳的马"图"、表示马笼头的革(图)和網(图)构成,此马受到严厉的羁绊。

7. 捕兽具——畢(毕)部

 甲骨文 金文　畢 隶书

畢(毕),扑飞禽或兔之类小动物的工具,长柄,前部有网。

甲骨文畢(毕)(图),象形字,像以手(图)持"图"的样子。金文畢(图)省去了手,增田(田),会意捕兽为田猎之事,由象形字变为会意字。

 甲骨文 金文   隶书

禽,是擒获之擒的初文。

甲骨文禽(图),象形字,像一长柄有网的狩猎工具,用以扑获鸟或兔一类的小动物,与"畢"原为同一字。金文禽(图)加今(图)为声符。禽本义为擒获,是动词,后世把擒获的鸟类称为禽,禽多用为名词,后来又不得不增"扌"造擒字。

離(离) 甲骨文 金文　離 隶书

甲骨文離(离)(𩿤)，本义为用长柄网捕鸟，与用网捕鸟的羅(罗)字义同，为会意字。一杆长柄网(𢆉)伸向一只鸟(𠁥)，右侧一只手(彐)表示将此鸟擒获。分離(离)之离是后起义。

汉画象石中持"毕"狩猎图

8. 工字尺——工部

 甲骨文　 金文　工 隶书

工 工，为木工画直角的工字尺。

工字尺一端为半圆形，用以划曲线，因半圆形不易刻，所以甲骨文工字刻成一端为方口形。木工为各类工匠的代表，木工必带工字尺，故以工字尺作为做工的标志。

巨 金文(一) 金文(二)　巨 隶书

巨，矩的本字，木工使用的工字尺，用以划直线，没有规矩便不成方圆，规划圆，矩划方。

金文巨(㠱)，会意字，像一手(ㅋ)持工(工)，"O"为手(ㅋ)的变异。"𢍏"为巨的第二种结体，像一人(大)手持工(工)。后来人与工分离，因人(大)与矢(矢)形似，人讹为矢，成现在的矩字。巨被借为巨大之巨，矩便成了规矩之矩，巨、矩原本一字。

矩，划直角或方形的工具。

金文矩(𢍏)，会意字，像一正面站立之人即大(大)一手持一工(工)，"工"便是划直角或方形的工具——矩。小篆将人(大)讹化为矢(矢)。"巨"逐渐脱离了人体，但手却留在"工"上。

周.青铜鼎

金文 是周朝使用的文字,距今已有两三千年的历史。金文是以青铜器为载体,故称金文。金文因多刻铸在周朝青铜器鼎或钟等彝器上,所以又称钟鼎文。青铜器铭文,大体经过以下过程:首先在陶土做的模子上书写并刻上铭文,然后将陶坯用火烧硬,制成陶范,再把熔化的青铜液浇铸到陶范里,冷却后去掉陶范便制成了青铜器,铭文也就呈现在青铜器上了。商代青铜器上已出现金文,至周代金文盛行,在已经发现的几万件青铜器上,有铭文的就有一万余件。金文内容大都以祭祀祖先和歌功颂德为主。

图为河北平山出土的战国时期铁足刻铭铜鼎,鼎壁刻文四百六十九字。

十五 祭器形篇

类别	图形	甲骨(金)文	部首	有关字例
供桌		丅	示	示、祭、禦(御)、齋(斋)
			礻	祖、祝、神、禍(祸)、福、祐(佑)、社、祀、祠

1. 供桌(一)——示部

出土的汉代漆木供桌，即祭祀用的"示"

甲骨文示(示)，象形字，像上古时代用石块垒的供桌。"丅"其上或左右之点表示祭品。与祭祀有关的字，多以"示"为形符。

甲骨文祭(祭)，会意字，像以手(彐)持肉(夕)祭祀神主，肉旁小点为血点。金文祭(祭)，增加表示祭祀的形符"示"，将肉(夕)摆在供桌(示)上，其祭祀意更加明显。

禦(御)，古时祭祀以祈消灾避难为禦(御)，后引申为防止、防禦(御)。

甲骨文禦(御)(禦)，形声字，祈求神主故以供桌示(示)为形符，御(御)为声符。

齋(斋)，洗心叫斋。古人在祭祀前不饮酒，不吃荤，沐浴别居，清心寡欲；以示虔诚，叫斋戒。

金文齋(斋)()，形声字，斋戒为祭祀活动的准备阶段，故以祭祀符号供桌(示)为形符，齐()为声符。小篆齋(斋)(齋)将斋字的左右结构变为上下结构。

2. 供桌(二)——礻部

以示做形符，表示与祭祀有关的字，若"示"位于字的左侧，则由甲骨文示"丅"演变作金文示"示"、小篆示"示"、再演变作楷书"礻"。

祖，祖宗、祖先。

甲骨文祖()，象形字，其形像祖宗牌位。后期金文加形符示(示)，表示供奉祭祀的为祖。且为祖的本字，后且被借用，且、祖分为两字。且在做声符时，读音为zǔ，如：诅、阻、组、租等。

祝

甲骨文祝(🈳)，会意字，像一个人(🈳)跪在供桌(T)前，口表示头，口朝上，像扬头祷告的样子。

神

神，古代多指神主。

金文神(🈳)，形声字，以示(🈳)为形符，申(🈳)为声符。申(🈳)，像闪电的样子，本为伸的初文，其根据就源于闪电的伸缩变化。

祸(祸)

甲骨文祸(祸)(🈳)，会意字，像卜算用的兽骨呈现凶兆之形，会意祸(祸)将来临。金文祸(祸)(🈳)加示(🈳)为形符，呙(🈳)为声符，变为形声字。

福

(详见426页)

祐(佑)

祐(佑)，求神主庇护为祐(佑)。

甲骨文祐(佑)(♅)，形声字。以祭祀的供桌(丁)为形符，又(ㅋ)为声符。"又"即是手，以右手表示右，甲骨文中，手的左右方向不分，在左右同时出现时，"ㅋ"专指右，"ㄈ"专指左。

社

社，传说中的土地神的名字，祭祀土地神的场所和节日均称社。

甲骨文以土(△)为社。金文社(禃)，会意字，由土和示构成，"土"像土(土)上生木(木)，意即土。将土(土)摆在祭台(示)前祭祀土地神为社。

祀

甲骨文祀(界)，会意字，像一个人(大)将一子(早)高高举过头顶。"早"、"己"均为幼儿的象形，古时在祭祀神主时，将一小儿充当神主，接受祭祀，为了将表示祭祀的子与其它"子"相区别，将前者写作巳(己)，似人跪坐的样子。金文祀(示己)，以祭台(示)和代表祭祀的巳(己)构成，巳即子。巳也做声符，为会意兼形声字。

祠

祠，春祭为祠，也指祠堂。

金文祠(祠)，形声字，以祭桌示(示)为形符，司(司)为声符。

十六 乐器形篇

类别	图形	甲骨(金)文	部首	有关字例
鼓		壴	豆	鼓、喜、嘉
排箫		龠	龠	龢(和)、龤(谐)、龣(角)
乐器庚		庚	庚	庚、唐、康、庸

1. 鼓——壴部

汉画象石中的鼓

甲骨文鼓（壴），象形字，像鼓之形。"屮"为鼓上装饰，"口"为鼓面，"丄"为鼓座。"壴"为鼓的本字，金文鼓（鼓），加打击符号攴（ ），以示捶打的为鼓。

甲骨文喜（喜），像将一鼓（壴）置放在一座物（口）上，以表示有喜庆之事，会意字。

嘉，美、善为嘉。

甲骨文嘉（ ），形声字，鼓（壴）表示有喜事、美事、乐事，所以以鼓为形符，加（ ）为声符，力（ ）为加的省写。

2. 排箫——龠部

古时的排箫

 甲骨文

 金文

龠 隶书

龠，古代一种用竹管编制的乐器。

甲骨文龠（ ），象形字，"卅"为乐器，"▽▽▽"为竹管上的孔，用以吹奏，孔上之"△"，为一向下的口，是吹龠人的口。龠部的字，均与吹奏乐器有关。

吹龠图

龢(和)

 甲骨文

龢 金文

和 隶书

龢(和)，本义为乐器的声音和谐。

甲骨文龢(和)（ ），形声字。"龠"为形符，"卅"为排箫一类的乐器，"△"为向下之口在吹箫。金文龢(和)（ ），"卅"为排箫，排箫上之口，是乐器可吹之口。禾( )为声符，禾与向下之口连写作" "。龢，今写作"和"，也借为连词使用，仍为形声字，以"口"为形符，表示口所发之音要和谐，"禾"仍为声符。

龢皆（谐）　小篆　隶书

和谐本作"龠龤"，实从音乐要和谐才能动听而来。今引申为社会和谐、自然界和谐等广泛意义上的和谐。

小篆龤（龤），形声字，以排箫类编管乐器龠（龠）为形符，表示"谐"为音乐范畴，皆（皆）为声符。隶书谐（谐），改为以言为形符。

龣（角）　金文　小篆　隶书

龣，为古五音宫、商、角、徵、羽之一，今写作角。

金文龣（龣），形声字，以编管乐器龠（龠）为形符，录（录）为声符。龠（龠）上之"△"为吹龠人之口，与人体合写应为"𠂉"，此口对着乐器之口吹。

3. 乐器庚——庚部

汉画象石中奏"庚"图，乐人所持为"庚"

庚

甲骨文　金文（一）　金文（二）　隶书

甲骨文庚（庚），象形字，金文庚（庚），其形更形象、逼真，像一个可摇的乐器，左右各一个悬锤，摇动时可击打"庚"而发响。庚之本义丧失甚早，后之义均为假借。楷书庚之"广"字头，是讹变而来，与房屋无关。庚部的字，多与乐器或音乐有关。

唐

甲骨文唐()，会意字，由庚(庚)和口(口)组成，上部庚是一种古代乐器，下部一口表示发声部位。唐，后引申为大话，空话。

康

甲骨文康()，会意字，由乐器庚(庚)和"丷"构成，"丷"表示乐器发的音响，与鼓声彭(彭)之"彡"相同。后假借为健康之康。

庸

庸，即镛的本字。大钟谓之镛，古代一种打击乐器。

甲骨文庸(庸)，形声字，乐器庚(庚)为形符，用(用)为声符。假借为平庸之庸，遂另用形声造字法造镛字。

十七　兵器形篇

类别	图形	甲骨(金)文	部首	有关字例
刀	(刀图)	𠃌	刀	刀、刃、契
			刂	别、利、剛(刚)、到、辨、割
戈	(戈头)	戈	戈	戈、戍、戒、或、我、災(灾)、戰(战)、戮、幾(几)
斧	(斧图)	戊	戊	戊、戍、咸、成、威
钺	(戉头)	戉	戉	钺、歲(岁)
矛	(矛头)	矛	矛	矛、務(务)
盾	(盾图)	盾	盾	盾、戎、古

弓		ᙌ	弓	弓、引、弘、彈(弹)、强
箭		⇡	矢	矢、至、侯、雉、函、晉(晋)
干(武器)		Y	干	干、單(单)、事
旗		⼈	方	旄、旅、族、游、旋、旛(幡)

1. 刀(一)——刀部

出土的商代刀

刀 甲骨文 金文 隶书

甲骨文刀()，象形字。上部是刀刃，下是刀把，金文和隶书刀已变形，刀刃部分缩短了一半。

青铜器图形文字持刀者

刃 甲骨文 小篆 隶书

甲骨文刃，指事字，由刀和"、"构成，"、"为指事符号，"、"的位置即为刀刃。

契 甲骨文 小篆 隶书

契，刀刻为契。

甲骨文契，会意字，由契刻之刀和契刻的痕迹"丰"构成，以刀刻出痕迹为契。小篆契增大(大)，大即人形，由人持刀刻画，义同。

2. 刀(二)——刂部

刂 甲骨文刀"丿",金文写作"丿",小篆变为"刀",至隶书变作"刀",刀在楷书中作部首时写作"刂",已完全失去了刀的形象。

别 甲骨文　　小篆　　隶书

别,《说文》:"别,分解也。"

甲骨文别( ),会意字,像一刀( )剥离骨与肉,只剩一骨( )形。后引申为分别,分离。

利 甲骨文　　金文　　隶书

利,锋利。

甲骨文利( ),会意字,由刀( )、禾( )构成,意为用刀割禾,小点表示禾屑飞溅,以示刀的锋利。

剛(刚) 甲骨文　　金文　　隶书

《说文》:"刚,断也"。

甲骨文刚(刚)( ),会意兼形声字。像以刀( )断网( ),意为决断快为刚,网兼做声符。

到

到，与至同义。

金文到(到)，以至(至)为形符，刀(刀)为声符，也是形声字的一类。

辨

辨，分开、判别以区分。

金文辨(辨)，形声字，用刀以分开，所以以刀(刀)为形符，辡(辡)为声符，辡读音biàn。其它如：辦(办)、瓣、辩、辫等字，均是以力、瓜、言、纟为形符，辡为声符的形声字。

割

金文割(割)，会意字，由害(害)和刀(刀)构成，以刀相害为割。

3. 戈——戈部

出土的戈(戈头)

戈

戈，古代的一种兵器，盛行于殷、周时代。戈又分玉戈、石戈，多为仪仗队用。戈又泛指兵器，引申为战争。

甲骨文戈(戈)，象形字。中为戈柄，戈柄上端短横为戈头，戈头上端斜出短横为柄冒，下为戈把。金文戈(戈)，戈头带有长缨。古代兵器种类很多，特别是长柄兵器，多以戈为形符代表。

戍

戍，驻守边疆的士兵。

甲骨文戍（ ），会意字，由一人（ ）、一戈（ ）构成，人持戈即驻防边疆的士兵之意。

戒

详见(95页)

或

或，原义为邦，即国。

甲骨文或（ ），会意字，像以戈（ ）守卫一地域（ ），"囗"像城形，表示城池、国家。后或字借为代词、副词、连词等，原义消失，遂再加一范围线（囗）造国字。"或"便成了假借字。

出土的西周兵器"我"头

我

甲骨文我（ ），本像一个带锯齿的长柄武器。后借为代词，表示第一人称，为假借字，其本义消亡，今天只知是你我的我了。

災(灾)

甲骨文(一) 甲骨文(二) 隶书

甲骨文(一)災(灾)，像戈锋上沾有头发，会意头为兵刃所伤，用以示兵灾之意。甲骨文(二)災(灾)是室内有火，表示火焚其室，示火灾之意。水灾写作 𯁈，表示大水的样子。无论从戈、从火、从水均为灾的会意字。"𢦏"是兵灾和火灾的合意，"災"是水灾火灾的合意，𢦏、災、灾，现统一简化为"灾"。

戰(战)

金文(一) 金文(二) 隶书

戰(战)，作戰(战)，打仗。

金文戰(战)，会意字，由作战兵器戈和单构成，"單"是由干演变来的，其义同干，干为古时常用武器，是一根一端分成两叉且削尖了头的木棍。干戈(即单、戈)会意为戰(战)。"单"又兼作声符。

戮

甲骨文 诅楚文 隶书

戮，杀戮。

甲骨文戮，会意字，像一个举着双手的人被一锯形兵器我砍杀状。兵器下有血滴和被砍落物"曰"，会意为杀戮。诅楚文戮，亦为会意字，将人形"" 讹变为"羽"，人的双手狲变为羽(㞢㇄)，将我()演变为戈()，我、戈均为兵器，其义不变。

金文幾(几)(𢆶)，会意字，由戈(戈)和人(大)构成，人头上系绳索(8)。会意以戈击杀被缚之人，引申为尽。

4. 斧——戉部

出土兵器"戉"

甲骨文戉(屮)，象形字，像斧钺之形，为宽刃兵器。

甲骨文戊(屮)，像斧钺之形，为宽刃兵器。戉、戊、戌均为斧类兵器，其形状大同小异。

咸，本义为杀。

甲骨文咸（ ），由斧钺（ ）和口（ ）构成，"口"表示被杀之物。金文（一）咸（ ），其大斧的形状更为鲜明。

成　甲骨文　金文　隶书

甲骨文成（ ），形声字，以戊（ ）为形符，丁（ ）为声符。成，本为撞击之义，后借为成就、成功之成，遂成假借字。

威　金文（二）　金文（三）　隶书

威，威慑，威严。

金文威（ ），会意字，像戊（ ）架在一女（ ）头上，以示威慑。戊（ ）也可写为戈（ ），如金文（二）威（ ），戊、戈均为兵器，都是威慑力量。

5. 钺——戊部

出土青铜器戉(头部)

钺　甲骨文　金文　小篆　隶书

戉，今写作钺。古代一种兵器，形状似斧，比斧大，刃为弧形，金属制。也有玉石制的，多用于礼仪，象征帝王的威仪。

甲骨文钺（ ），象形字，像斧钺之形。金文钺（ ），钺柄缩短，逐渐变异。隶书钺，已变成形声字。

歲(岁)

甲骨文(一)歲(岁)(ㄐ)，像斧钺的形状。古时，每年举行岁(岁)祭，要杀牲作祭品，所以逐渐将"钺"上增加双止(ㄓ)，止即脚，是肢解动物的标志。简化字岁，将止字头写成山字头，那是止字的变异。

6. 矛——矛部

出土的商代矛头

矛

矛，古代一种长柄兵器。

金文矛(ㄓ)，象形字。上为矛锋，下为矛柄。小篆矛(矛)下加了一人()，是矛(ㄓ)和人的合写，意为以人持矛。

带甲持矛武士图

務(务)

金文務(务)(𩤃)，会意字，左为矛(矛)右为"攵"，"攵"是打击符号。小篆務(务)( ),变为形声字。专力从事某种事业为务(务),故以力( )为形符,敄( )为声符。

7. 盾——盾部

战国时期彩绘漆盾

甲骨文盾( ),象形字,像盾之形,有盾面和手握的把柄。小篆盾( ),增人( ),为人持盾"自"的样子。

戎

(详见478页)

古

古为故的初文,故即事情。

甲骨文古( ),会意字,像置盾( )于台"日"上,会意有战事。后来,"古"被借为古今之古,遂用形声法造故字。

8. 弓——弓部

弓

甲骨文弓(弓)，像弓之形，象形字。金文逐渐简化了弓弦，像断了弦的弓。

引

引，开弓叫引。

甲骨文引(引)，像一人(大)手持一弓(弓)即挽弓之形，会意字。金文引(引)，弓上增加指示符号，标明此处即引弓处。

弘

弘，弓臂为弘。

甲骨文弘(弘)，指事字，弓(弓)上有一短横，"ノ"指示弓此处即为弘。人臂为肱，弓臂则为弘。弘又引申为高大。金文引与弘结构相同，属不同地方不同用法。

彈(弹),弹丸。

甲骨文彈(弹)( ),弓( )形,在弓弦处有一丸(○),意为彈(弹)丸,象形字。小篆改为形声字,以弓为形符,单为声符。

彊,现写作强。本指弓强劲有力。

金文彊( ),形声字,以弓( )为形符,畺( )为声符。

9. 箭——矢部

矢,弓箭之箭。

甲骨文矢( ),像弓(或弩)所使用的箭的形状,为象形字,上为箭头,下为箭羽。

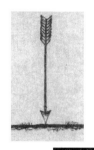

至

甲骨文至（ ），会意字，像倒形的矢（ ）落到地面"一"。会意此箭已达到终点，引申为极点、尽头。

侯

 甲骨文 小篆 隶书

侯，古代射箭用的箭靶，是用木杆支撑起的一块靶布，朱熹注《诗经》"经曰射侯"曰："侯，张布以射之者也。"

甲骨文侯（ ），会意字，像矢（ ）正在射侯（厂），矢即箭，侯即靶布。隶书将"厂"讹作"亻"旁，已失去象形味，仅矢（ ）仍在。

古代射侯图，前方箭标即为"侯"

雉

甲骨文 金文 隶书

雉，俗名野鸡。

甲骨文雉（ ），会意兼形声字，像以矢（ ）射隹（ ），矢即箭，隹即鸟。会意以箭射之者为雉。矢也兼做声符。

 甲骨文　 金文　 小篆　 隶书

函，古代盛箭的袋子。

甲骨文函（），会意字，像矢（ ）在袋"　"中。引申为包含、容纳。金文和小篆矢和箭袋仍在，小篆把箭袋的提手置于袋上。隶书函，函内之矢已化为乌有了。

 甲骨文　 金文　晉 隶书

晉(晋)，即古文箭。

甲骨文晉(晋)（ ），会意字，由双矢（ ）和箭靫"　"构成，像双矢(箭)插进箭靫的样子，会意为箭，箭靫"　"讹变为日。而金文晉(晋)（ ），"○"仍有箭靫的样子。矢入箭靫为晋，引申为进，为升，如：晋京、晋升。

10. 干(武器)——干部

 甲骨文　 金文　 隶书

干，先民狩猎作战的工具，像一根有枝杈的木棍，其初形为"Y"，后在其尖端缚以尖锐石片而成"Y"形。如狩猎的"狩"

甲骨文写作"？"，即是持干(？)带犬(？)去狩猎。"化干戈为玉帛"，干和戈都是先民的兵器。

甲骨文單(单)（？），本即干（？）字，为古代狩猎的工具，也可做兵器。干像两杈的木棍状，在两杈的尖端绑上尖锐的石块，即成"？"，再在两杈的下方绑上绳索，使其牢固，便成"？"，干、单遂分化为两字。

甲骨文事（？），会意字，像一手（？）持扑猎工具"？"以猎取野兽。这种捕猎工具就是"干"，一种上端有杈的木棍，是古代最简单的捕猎或作战武器。古人以捕猎为事，所以会意为事。金文事（？），手和干柄合在了一起。事与史、吏是同源字，是由"事"孳乳而来。《说文》：史，记事者。吏，治人者。使，以事任人。

11. 旗——方部

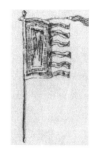

旗部并非方部，实为㫃部，即由旗的象形演化而来，

"🔲"像旗杆和飘扬的旗子。后，旗杆演变为"方"，旗子演变为"𠂉"并与旗杆脱离。小篆之后，没有独立成字。

旄，古代一种用旄牛尾在旗竿上做装饰的旗子。

金文旄(🔲)，形声字，以旗"🔲"为形符，毛(🔲)为声符。

旅，古代军队的编制单位，上古以五百人为一旅。

甲骨文旅(🔲)，会意字，像旗"🔲"下聚集众人"🔲"，会意为军旅。

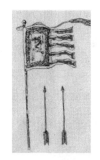

甲骨文族(🔲)，会意字。由旗"🔲"和矢(🔲)组成。古代同一家族或氏族为一战斗单位，故以旗和箭会意为族。旗用以聚众，矢用以杀敌，这正是一族的行为。矢(🔲)即是箭。

游 甲骨文　 金文　游 隶书

游，古代旌旗末端飘带一类的下垂饰物。

甲骨文游（ ），会意字，像一子（ ）持旗" "的样子。在甲骨文中，子与人同义。小篆、隶书加水旁，以会意水的游动。

旋 甲骨文　 金文　旋 隶书

旋，周旋、挥动。

甲骨文旋（ ），会意字。由旗" "和示动符号足（ ）或止（ ）构成，会意旌旗在挥动、旋转。

旛(幡) 旛 石鼓文　旛 金文　幡 隶书

旛，长幅而下垂的旗，现写作幡。

石鼓文旛(幡)( )，形声字，以旗帜的象形（ ）为形符，番（ ）为声符。后来旗帜的象形" "发生变异，旗杆演变为方（ ），旗面与旗杆分离演变为" "。

十八 持械形篇

类别	图形	甲骨(金)文	部首	有关字例
手持械 (打击符)			殳	役、段、殿(欧)、毁、鑿(凿)
			攵	攻、更、改、政、敬、败(败)、敝、散、教、效、枚、故、敏、救
			攴	敲、鼓

打击符号是一个形象的叫法，因为殳、夂、攴多与打击有关，但也有个别字例外，准确的说应是手持器械。这种器械可能是兵器，可能是棍棒，也可能是各类小型工具、器物，如：殷字，"殳"便是手拿医疗器具以治病。殳(𠬛)、夂(𠂉)、攴(𠂢)虽然写法不尽相同，但其基本含义是相同的，所以隶书以前的书体在很多情况下这几种写法可以互换通用。如：鼓，也可写作"鼓"。

1. 手持械(打击符)(一)——殳部

殳 甲骨文殳(𠬛)，像手持锤的样子，在造字中多作为打击符号，置于字的右侧。

甲骨文　小篆　隶书

役 役，劳役。

甲骨文役(𠬛)，会意字，像一人(𠂉)被一手持械"𠬛"打击的样子，会意服劳役的人被强迫劳动，时常遭暴力。小篆将人(𠂉)讹写成"彳"。

段

段，锻的本字，锤击为锻。

金文段（𣪍），像手持锤（𣪊）在山崖（厂）捶石"∴"的样子，为会意字。现多做量词，作段落的段，为假借字。"段"被借走后，以段为声符，金为形符，造形声字锻，以替代被借走的段。

殴（殴）

《说文》："殴，捶击物也。"现仍做打架斗殴讲。

金文殴（殴）（𣪊），形声字，殳（𣪊）为形符，像手持械以作击打状，区（匚）为声符。区在做声符时读ōu，如：沤、瓯、鸥、欧、呕、怄等。

毁

金文毁（𣪊），形声字，殳（𣪊）为形符，像一手持械以击打的样子，"𦥑"为声符。

鑿（凿）

（详见473页）

2. 手持械(打击符)(二)——攵部

"攵"由一手"⺕"和一器械"丨"构成，会意一手持械有所动作，如打击等。甲骨文合写作"ㄅ"，金文写作"ㄎ"，隶书写作"攵"，楷书写作"攵"。通常作部首时表示打击符号。

攻，攻打。

金文攻(㓂)，形声字，以打击符号"ㄎ"为形符，"工"为声符。

更，即古文鞭字。

甲骨文更(㪅)，会意字，由鞭(ㄎ)和马屁股(冂)构成。会意赶马的工具为鞭，后更字演变为更正、更改之更，遂用形声法另造鞭字，以革为形符、便为声符。

金文改(㪅)，会意字，由跪着的子(己)和打击符(ㄎ)构成，会意为子有过失，执鞭以戒，使其改过之意。

政

政，在古文中通征，征伐的意思。

金文政（ ），形声字，以手持械作攻打状" "为形符，正( )为声符。

敬

敬，警的初始字。

郭沫若认为" "是狗的象形，像狗蹲坐的样子，以狗示警觉、警惕。金文敬（ ），增口表示狗叫以报警，加" "表示持械以警戒。后引申为敬仰、尊敬。警觉、警惕之警则加言字，变为形声字。

败（敗）

败（敗），损坏、破损。

甲骨文败（敗）（ ），会意字，像一只手持械（ ）击打贝（ ），贝经不住击打而败坏。

敝

敝，破旧为敝。如：凋敝、衰敝、破敝。

甲骨文敝（），会意字，像手持械（）击打一块巾（），巾被打击而呈破碎状""，小点即为破坏的残口。

散

甲骨文散（），会意字，像一手持棒（）击打树木即林（），以使林中鸟飞散。

教

甲骨文教（），会意兼形声字。像一手持械（）在教子（）状。爻（）为声符，爻读音yáo。

效

效，教导，教训为效。

金文效（），会意兼形声字，""像手持教棍的样子，""为被教训的人形，交叉着双腿，即交字，交又兼做声符。

枚

| 甲骨文 | 金文 | 隶书 |

枚，树干为枚，"枝为条，干为枚"。

甲骨文枚（），像一手持斧或刀（）砍木（）的样子。金文枚（），手握的利器更明显。砍伐树木取得树干，树干即枚。

故

| 金文 | 小篆 | 隶书 |

故，事情。

金文故（），形声字，古代以战事为大事，所以以打击符号""为形符，古（）为声符。

敏

| 甲骨文（一） | 甲骨文（二） | 金文 | 隶书 |

甲骨文（一）敏（），像一个长发女人（）用一手（）在梳理头发的样子。甲骨文（二）敏（），与甲骨文（一）略有不同，""像一手拿一物（梳子），与""同义。在敏字演变过程中，女（）、母（）、每（）字义相同，均表示为女人，所以常常互换。

救

| 金文 | 小篆 | 隶书 |

救，援助，救护。

金文救（），形声字，救助就要以实际行动，拿起器械，故以手持械的符号攵（）为形符，求（）为声符。

3. 手持械(打击符)(三)——攴部

攴 "攴"由一手"㝊"和一器械"卜"构成，会意一手持械作打击等动作。甲骨文合写作"㝊"，金文写作"㝊"，隶书写作"攴"，楷书写作"攴"。会意一手持械作打击等动作。殳、攵、攴其义相同，均为打击符号。

敲

敲，击打。

小篆敲(敲)，形声字，以手持械(㝊)为形符，高(高)为声符。

鼓 (详见254页)

汉画象石中的击鼓图

十九 刑具形篇

类别	图形	甲骨(金)文	部首	有关字例
曲刀(表示罪人)			辛	辛、宰、辟、辭(辞)、辜、皋(罪)
			立(辛的省写)	竟、章、競(竞)、童
手铐			幸	幸、執(执)、報(报)
绳索			糸	索、率、係(系)

1. 曲刀(表示罪人)(一)——辛部

辛

甲骨文辛(辛)，像一把对犯人实施墨刑的刻刀，墨刑即刻字于犯人面、额、臂等处，以墨染之，永不褪色，清代叫刺字。刻刀刀身作六十度弧形，末端为刀锋。古代在奴婢、兵士身上也刻字作记号以防逃亡，所以带辛的字，多与罪人或奴隶有关，受罪必受苦，辛字现多用于引申义为辛苦。

宰

宰，本指充当家奴的罪人。

甲骨文宰(宰)，会意字，由屋(宀)和辛(辛)构成，"辛"表示罪人，会意罪人在屋内劳作。宰又借为屠杀之义，古时，宰杀兽畜以分肉的人称宰。

辟

辟，罪行、惩罚。

甲骨文辟(辟)，会意字，像以刑刀(辛)对一人(人)实施刑罚的样子，"口"代表被砍落的人的残体。古时五刑之一的大辟，就是杀头。

辭（辞）

辭（辞），在法庭上争辨是非曲直为辭（辞），即讼辞。

金文辭（辞）()，会意字。"辛"表示有罪之人，"爫"与"廾"表示双手用一种工具"工"来整理丝，在此表示为法庭梳理罪情，加言(言)则更明确是用言语争辩。

辜

辜，罪过。如：死有余辜。

战国诅楚文辜(辜)，形声字，以表示有罪的辛(辛)为形符，古(古)为声符。

皋（罪）

皋，现写作罪。秦人以皋似皇字，改皋为罪。

金文皋(罪)(皋)，会意字，由自(自)和辛(辛)构成，自即鼻子，辛为刑刀，代表罪人，两形会意为罪。

2. 曲刀（表示罪人）（二）——立（辛的省写）部

立

立在作部首时，为辛的省写，其义与辛相同。

竟

甲骨文　小篆　隶书

竟，乐曲终止为竟，引申为终止，如未竟的事业，即没有完成的事业。

甲骨文竟( )，是竞赛之競( )的借字。競为两个奴隶竞技的样子，借其形的一部分，并借其音为竟。

章

金文　小篆　隶书

金文章( )，会意字，"辛"为曲刀，"田"为曲刀刻出的痕迹，后引申为花纹、标记，并借为乐章之章。

競(竞)

金文　小篆　隶书

競(竞)，角逐、比赛为競(竞)。

甲骨文競(竞)( )，会意字，像两个人( )在競(竞)技的样子，人头上为双辛( )的简写，为奴隶的标志。

童

金文　小篆　隶书

童，古代男性奴仆叫童。

金文童( )，形声字，以" "为形符，目( )代表人头，辛( )表示有罪之人，重( )为声符。

3. 手铐——幸部

甲骨文 小篆 隶书

甲骨文幸(🈴)，象形字，像刑具手铐的形状。使用时，将人的两腕枷入中间圆孔，用绳子缚紧两端。幸的本义与幸福、幸运之幸实为天壤之别。幸部的字，均与获罪戴手铐有关。

執（执）

（详见93页）

金文　小篆　隶书

報（报）

報(报)，法律定罪、判决为報(报)。

金文報(报)（𥪞），会意字，像一只手（⺕）捉住一人（𠂆），此人带着手铐"🈴"。会意此人将被法律定罪，即報(报)。

4. 绳索——糸部

糸

糸，本为丝的省写，即一束丝，通常做丝织品有关文字的形

符。"糸"也是绳索的象形,故亦做与绳索有关文字的形符,如:索、奚(详见480页)、率等。

索,绳索,用手将麻、草等搓成绳索。

甲骨文索(),会意字,像一手(彐)在搓绳""状。帛书像双手()在搓绳""状,绳即索。

率,粗大的麻绳。

甲骨文率(），像把麻绞成绳索的样子,小点（）表示水滴,需把麻浸湿,绞成的麻绳才结实,麻在绞紧中浸出水滴。

係(系),捆绑。

甲骨文係(系)( ),像一人( )其颈部被绳索" "捆绑。小篆写作" ",人( )和绳索( )分离,但绳索仍指向人。

二十 动物形篇

类别	图形	甲骨(金)文	部首	有关字例
牛		ᛡ	牛	牛、牧、物、牲、牵(牽)
羊		ᛦ	羊	羊、羞、姜、善、義(义)、羔、群、羴(膻)、養(养)
猪			豕	豕、豚、豢、敢
马			马	馬(马)、馭(驭)、駒(驹)、駕(驾)、駛(驶)、駱(骆)、駁(驳)、馴(驯)
狗			犬	犬、厭(厌)、獻(献)、獸(兽)、吠
			犭	狂、狩、狽(狈)、狼、猶(犹)、獄(狱)、獲(获)
狐			狐	狐、謠(谣)

类别	图形	甲骨(金)文	部首	有关字例
鹿			鹿	鹿、麋、麗(丽)、麟、慶(庆)
虎			虍	虎、虐、虞、虔、處(处)
豹类			豸	豹、貉、貓(猫)
熊			能	能、羆
象			象	象、為(为)
龙			龙	龍(龙)、龐(庞)、龔(龚)、寵(宠)
兔			兔	兔、逸、冤

类别	图形	甲骨(金)文	部首	有关字例
鼠			鼠	鼠、竄(窜)
龟			龟	龜(龟)
蛙类			黾	黽(黾)、鼀(鼋)
鸟			鸟	鳥(鸟)、鳦(乌)、鳴(鸣)、鳳(凤)、鷹(鹰)、鴻(鸿)
			隹	隹、隻(只)、集、雛(雏)、霍、奮(奋)、奪(夺)、雞(鸡)
鱼			鱼	魚(鱼)、再、魯(鲁)、漁(渔)、鮮(鲜)、鱵(鳜)
虫			虫	蟲(虫)、蚊、蛛、蜀、蠱(蛊)、禹、蟬(蝉)、虹

早在数千年前，人们就懂得了驯化和饲养动物为人类服务，或做肉食或协助狩猎耕作，或作交通工具。这类动物中牛、羊、猪(豕)、马、犬最早为人们饲养并陪伴人类至今，它们成为人类生活中不可或缺的一部分，因此也最早地成为人类记事的文字符号，并派生出一大批与它们有关的文字。

（一） 牛——牛部

甲骨文牛(⌄)，象形字，像牛头的简形。以牛头代表牛，突出牛的基本特征牛角(详见408页)。

甲骨文牧(⌄)，像一只手拿着鞭"⌄"放牧牛(⌄)的样子，会意字。

物，杂色牛。

甲骨文物(⌄)，形声字。以牛(⌄)为形符，勿(⌄)为声符。

牲

牲，古代指祭祀用的牛，后又泛指供祭祀和食用的家畜。

甲骨文牲( )，形声字，以羊( )为形符，生( )为声符。羊上之“ ”为绳索，表示此牲为绑缚后供祭祀用。金文牲( )，以牛为形符，在古文字中，牛、羊往往可以互换，其义不变。

牽(牵)

甲骨文牽(牵)( )，会意字，由牛( )和绳索( )构成，用绳索牽(牵)牛。小篆绳索上加了一手( )，以手牵绳。

2. 羊——羊部

羊

甲骨文羊( )，象形字，像羊头的形象，有弯弯的羊角、羊耳和头部。金文羊( )，羊角更逼真，小篆、隶书便破坏了象形。

羞

(详见90页)

甲骨文姜（ ），形声字，上为简化了的羊（ ）做声符，下为女（ ）做形符。

甲骨文善（ ），像羊头形，羊角下为羊眼（目），羊性情温和，又是先民的美食，与先民关系密切，羊有善美之意，故甲骨文以"羊"为善，以"羊"为祥。金文善（ ），把羊眼讹变为双言（ ），楷书善把羊下双言简化为羊下一言，美言为善。

甲骨文義（义）（ ），会意字。由一羊（ ）、一我（ ）组成。羊性情温和，所以"羊"与善、美同义。"我"为古代兵器，借为第一人称。两形会意要像羊一样善美为义。

羔，幼羊，即羊羔。本义为烧烤小羊。

甲骨文羔（ ），羊（ ）四周"﹕﹕"即为烧烤的火灰。金文羔（ ），羊下加火，古人有炮肉的食法，炮肉即是烧烤肉。《楚辞》中有"炮羔"，小羊最适宜烧烤，所以小羊又称羊羔。

群

群，形声字。羊是最喜欢群聚的动物，一羊领头，百羊追随。所以金文群（🐏），以羊（𦍌）为形符，君（𠺕）为声符。

羴（膻）

羴，羊身上的气味，今写作膻。

甲骨文膻（🐏），会意字。由三羊（𦍌）构成。金文膻（🐏），写作两羊，实际上两羊、三羊、四羊其义相同。甲骨文（二）中的"⁚"表示羊身上散发的气味。

養（养）

養（养），饲养。

甲骨文養（养）（🐑），会意字。像以手持鞭"𣎳"在牧羊（𦍌），会意为養（养）。小篆養（养）（養），演变为省去牧羊鞭，增食（食），变为以食饲羊为養（养）。

3. 猪——豕部

豕

豕,就是猪。

甲骨文豕( ),横写应作" ",像大肚垂尾的猪,象形字(详见409页)。豕(猪)和犬的区别在于豕( )是垂尾,犬( )是卷尾。

豚

豚,小猪。

甲骨文豚( ),由豕( )和肉( )组成,豕就是猪。金文豚( )加手( ),为一手持豚,小猪常作为祭祀用。

豢

设围栏、猪圈养猪为豢养。

甲骨文豢( ),像双手( )抱一怀崽的母猪( ),母猪腹内之子( )即猪崽,母猪不断生小猪,意即人工饲养为豢。小篆变成形声字,以豕为形符,卷为声符。

敢，勇敢之敢，古人以捕获野猪行为为勇敢。

甲骨文敢（）,会意字。由野猪（）、捕猎工具干（）和双手（）构成，是一幅双手持"干"刺向野猪的简笔画。金文敢（），野猪（）已变形，干变成了口（），双手变为单手，但以手捕野猪的基本意思尚在。隶书则变得面目皆非，只保留了一个打击符号"攵"。

4. 马——馬(马)部

甲骨文馬(马)（），象形字，像馬(马)的侧面形，横写应为"　　"，可见馬(马)头、馬(马)身、馬(马)颈部的长鬃、馬(马)尾、馬(马)腿、圆形的馬(马)蹄。动物本是横向站立，为书写方便，甲骨文、金文中的动物都是竖式写(详见410页)。

馭(驭)

金文馭(驭)(🐎），像一手持鞭(🪢)打马(🐴)的样子，为会意字。小篆馭(驭)(🐎），将手中的鞭省去，简化成一马(🐴)一手(✋)，马掌控在手中为馭(驭)。

駒(驹)

駒(驹)，小马。

金文駒(驹)(🐴），形声字，以马(🐴)为形符，句(🔤)为声符。

駕(驾)

石鼓文駕(驾)(🐴），形声字，以马(🐴)为形符，加(🔤)为声符。小篆駕(驾)(🐴），变为上下结构，在古文字演变过程中，字形结构的变化是常见的。

駛(驶)

甲骨文駛(驶)(🐴），形声字，驾驶(驶)牲畜以马为代表，所以以马(🐴)为形符，史(🔤)为声符。

駱(骆)

駱(骆)，古书上指马鬃和马尾是黑色的白马。现多指骆驼之骆。

金文駱(骆)(），形声字，以马(）为形符，各(）为声符，"各"古代字义和读音均为"落"。

駁(驳)

駁(驳)，马名，指毛色不纯的马。引申为颜色不纯为斑驳。

甲骨文駁(驳)(），会意字，由马(）和"爻"构成，"爻"象征颜色不纯。纯正的色彩、花纹如彩、影、彪等字的色、形、纹均由"彡"构成，而"爻"则表示色彩或花纹斑杂不纯。

駟(驷)

駟(驷)，古代四匹马驾一车为驷。如：君子一言，驷马难追。

金文駟(驷)(），形声字，以馬(）为形符，以四(）为声符。

5. 狗(一)——犬部

犬，俗称狗。

甲骨文犬（ ），横写应为" "，象形字。小篆犬，犬头、犬身大大变异，失去了象形。隶书犬，在小篆的基础上进一步变形，变成大字加一点，大本是人的正面站立之形，与犬形竟相近了。犬(狗)与豕(猪)的明显区别，犬是卷尾，豕( )是垂尾。与犬相似的动物如狼、狈、狐等，不能一一象形，所以此类动物均采取形声造字法，以犬或犭做形符，犬、犭也是从象形中演变来的。

厭(厌)，满足、饱。

金文厭(厌)( )，会意字，犬( )口含着肉( )，会意为满足、吃饱了。现多与否定词连用，如学而不厌、贪得无厌。

獻(献)，进獻(献)食物给神祖。

甲骨文獻(献)( )，会意字，由犬( )和炊具甗( )组成。甗是古代炊具，下为鬲( )以煮水，上为甑( )以蒸饭，类似现代蒸锅。金文獻(献)( )，其字形结构与甲骨文同，只是"甗"由象形变为虡( )，虡是甗的本字。用甗煮熟肥犬会意为进獻(献)。

獸(兽)

獸(兽),本狩猎之狩的本字,本义即打猎,后引申为狩猎对象为獸(兽),遂另造狩字,以区别于獸(兽)。

甲骨文獸(兽)(🐾),会意字。狩猎必带两种物,一是狩猎工具干(丫),一是猎犬(🐕),干(丫)和单(🐾)为同一物,同为捕猎工具,会意干和犬所捕获的动物为獸(兽)。

吠

吠,犬叫为吠,犬就是狗。

古钵吠(🐕),由犬(🐕)和口(口)构成,意即犬张口在叫,即吠字。成语"蜀犬吠日",意即四川多阴雾天,少日出,狗看到日出,因感到诧异而叫,比喻少见多怪。

6. 狗(二)——犭部

"犭"是由犬(🐕)的象形字演变而来,由复线犬(🐕)变为单线犬(🐕),小篆将犬讹变为"🐕",已失去象形的韵味,"犬"在作部首时,隶书写作"犭",楷书写作"犭"。

"犭"多做部首置于字的左侧,本是狗、狼、狐等尖嘴动物的标志,"犭"为圆头猫科动物的标志,"豕"为猪类动物的标志。犭、豸两类字，经字体简化，大多简化为用"犭"来表示，这样由不同动物形成的象形字，逐渐演变为一种动物符号。

甲骨文狂（ ），形声字，犬狂吠，以犬（ ）为形符，往（ ）为声符。隶书狂，以王为声符。

狩，狩猎。

甲骨文狩（ ），会意字。由狩猎工具干（ ）和犬（ ）组成。干为狩猎工具，犬可以追寻和捕获猎物。金文狩（ ）与甲骨文同，仍为由犬和干构成，单（ ）即干（ ）。甲骨文、金文狩、兽为同一字。隶书狩，是后起之形声字，以犭为形符，守为声符。

汉画像石中狩猎图，可见狩猎者手持"毕"并带猎犬

狈（狽），传说一种似狼的野兽，前腿特短，走路时要趴在狼身上，没有狼，它就不能行动，所以有"狼狈为奸"之说。

甲骨文狈（狽）（ ），形声字，以犬（ ）为形符，贝（ ）为声符。

狼

甲骨文狼（ ），形声字，狼与犬为同类，故以犬（ ）为形符，良（ ）为声符。良（ ）本为廊的象形。

猶(犹)

猶(犹)古时本指一种兽，猴属，似麂。一说陇西地区称狗崽叫猶(犹)。现代汉语多作副词，表示"还"，如困兽犹斗；表示"如同"，如虽死犹生。

甲骨文猶(犹)（ ），形声字，犬（ ）为形符，酋（ ）为声符。

獄(狱)

獄(狱)，争讼，在法庭上争辩是非打官司为狱，引申为监狱。

金文獄(狱)（ ），会意字。由两犬（ ）和言（ ）构成，打官司争辩，就像两犬相争，以言相辩。

獲(获)

獲(获)，扑獲(获)猎物。

甲骨文獲(获)( ), 会意字, 像一手( )抓住一鸟( )。

小篆獲(获)( ), 增犬( )为形符, 犬为捕猎的主要助手。

" "为戴羽冠的鸟, 与" "同为鸟形, 均表示为鸟。

7. 狐——狐部

狐, 似犬, 尾大, 嘴尖。

甲骨文狐( ), 象形字, 横写应为" ", 突出了狐狸的大尾巴。像狐这样犬一类的象形字, 终因其特征难以把握, 容易与其它动物混淆, 而为形声字所代替。小篆狐( )以犬( )为形符, 以瓜( )为声符。

谣(谣)

金文謠(谣)( ), 会意字, 由狐( )和言( )构成。狐言为谣, 会意谣言就像狐狸说话一样。隶书謠(谣), 已由会意字改为形声字, 以"言"为形符, " "为声符。

8. 鹿——鹿部

鹿

甲骨文鹿，像鹿之形，头、角、身、足俱全，鹿以枝状角为主要特征。石鼓文鹿，鹿角变为规范的折线，鹿头与鹿身的比例也逐渐失调，已开始脱离象形的轨道。隶书鹿之足演变为"比"。

麋

麋，即麋鹿，鹿科动物。麋鹿眼上有眉，所以得名眉鹿。因眉、米音近，故眉鹿也称为麋鹿。

甲骨文麋( )，象形字，突出了鹿头上的眉，眉( )也做声符。石鼓文麋( )，以鹿( )为形符，米( )为声符，成为形声字。

麗(丽)

麗(丽)，本义为两人共耕，所以丽引申为伉俪、成双成对，又引申为和谐美。

甲骨文(一)麗(丽)( )，由双耒" "和双犬" "构成，双耒寓义耦耕，双犬寓义为成双。甲骨文(二)麗(丽)( )，形声字，鹿( )为形符，丽( )为声符。鹿头上的双角，也象征成双成对，后引申为美丽的丽。

麟,麒麟,古代传说中的祥瑞兽,形状像鹿,全身有鳞甲。

甲骨文麟( ),会意字,由鹿( )和文( )组成,"文"表示身上有花纹,金文大致相同。隶书麟以粦做声符,鹿做形符,便成了形声字。

慶(庆)

慶(庆),吉、善、福为庆。

金文(一)慶(庆)( ),会意字,由鹿( )和心( )构成。心( )在此表示花纹的样式,如文( )中之"心"即为花纹。古人把带有花纹的鹿视为祥兽,引申为吉慶(庆)、善慶(庆)之意。

金文(二)慶(庆)( ),鹿( )下加文( )与鹿上加心" "同理,亦说明是有花纹的鹿。

9. 虎——虍部

甲骨文虎( ),象形字。横写应为" ",可见有虎头、虎身、虎尾,虎头为圆头大口,虎身上有斑纹(详见411页)。

虎在作为部首时,常以虎头表示,写作" ",也可看作是虎的省略写法，虎部的字，如虐、虞、虑等，其"虍"即虎头。

虐

虐，残害、残暴为虐。

甲骨文虐（ ），会意字，由虎（ ）和人（ ）构成，以虎伤人为残害的象征，会意为虐。小篆虐（ ）增加虎爪（ ），虎以爪伤人，会意更为明显。

虞

虞，古代一种兽名，黑纹白虎。

金文虞（ ），形声字，以虎头（ ）为形符，吴（ ）为声符。现多作忧虑，如：水旱无虞；或作欺骗，如：尔虞我诈。

虔

《说文》："虔，虎行貌。"

金文虔（ ），由虎头（ ）和文（ ）组成，会意字，表示虎走过后，地面留下虎爪的花纹。虔，现多作恭敬而有诚意讲，如：虔诚。

處(处)

處(处)，作居处、处所讲。

处有两种结体，一为處(处)（机），会意字，由止（尸）和几（几）构成，止即足，几是方形凳，足停在几旁即可歇息为处。一为處(处)（𠂆），形声字，以处（机）为形符，虎（虍）为声符。

10. 豹类——豸部

豸，本指猫、虎一类野兽，圆头、大嘴。犬(犭)则指尖头、尖嘴，如狗、狼一类野兽。后来，豸旁字大都简化为犭旁字，如貓简化为猫。

豹，食肉动物，圆头大嘴，身上有圆状花纹。

甲骨文豹（），象形字，像豹之全形，横写应为""。古文豹（豹），改为形声字，以豸（豸）为形符，勺（勹）为声符。

貉

金文貉（貉），形声字，豸（豸）为形符，可见大口、耳朵、身及尾，各（各）为声符。

貓(猫)

貓(猫)与虎豹类相似，只是短小，同属猫科。而与犬(狗)、豕(猪)形大异，所以小篆貓(猫)（貓），以豸（豸）为形符，苗（苗）为声符。

11. 熊——能部

能

能，一种像熊的野兽。

金文能（ ），象形字，由头、身、尾、足组成，像熊之形。小篆逐渐变形，隶书能（ ）虽已失形，但其身"厶"、头"月"、足"ヒ"仍在，只是分离并进行了重新组合。能字原义已失，现借为才能、能力之能。

羆

羆，熊的一种，俗称马熊。

古文羆（ ），形声字，能（ ）为形符，能即是熊，皮（ ）为声符。此字也可证明"能"即为熊类。

12. 象——象部

象 甲骨文象（🗝），横写应为"🗝"，象形字。大象的主要特征是长鼻，甲骨文象突出了头部的长鼻。金文象（🗝），象的头部演变为"🗝"，但仍突出了长鼻(详见412页)。因为"象"抓住了区别于其它大型动物的基本特征，所以能作为一个独立的象形字而存在。

為(为) 甲骨文為(为)（🗝），会意字，像一手（🗝）牵象（🗝）。古人驯象以帮助劳作，会意有所為(为)。

13. 龙——龍(龙)部

汉画像石中的龙

甲骨文龍(龙)（ ），像龍(龙)的形状，头上有饰物，大口，长身。金文龍(龙)（ ）与甲骨文略同。隶书龍(龙)，将龙头"肓"和龙身"己"分离，并列左右而失去象形(详见415页)。

《说文》："龐(庞)，高屋也。"

甲骨文龐(庞)（ ），会意兼形声字。由高屋（ ）和龙（ ）构成，屋内能容龙，说明屋必高大，会意为龐(庞)，龙兼做声符。

甲骨文龔(龚)（ ），双手持龙形，形声字。双手（ ）表示供给、供奉，有恭敬的意思。龙（ ）为声符。所以龔(龚)字古文与供、恭同。

寵(宠)

金文寵(宠)(），会意兼形声字。由房屋(⌂)和龙(龙)构成，屋内有龙，会意为寵(宠)。上古先民崇尚龙，大量出土纹饰中都有龙的图案，龙为人们所景仰和宠爱。龙又兼做声符。

14. 兔——兔部

兔

甲骨文兔(），象形字，像大头、短身、短尾的兔，横写为"　"。小篆兔(），字形发生严重裂变，已失象形意味。

逸

逸，逃跑为逸。

金文逸(），会意字，兔子善于跑，故以兔(）和示动符号"　"构成，会意为逃逸之逸。

冤

冤，屈缩、不舒展。

甲骨文冤(），会意字，像兔(）在网(）中，会意为不得舒展，引申为冤枉。

15. 鼠——鼠部

鼠

甲骨文鼠（ ），横写应为" "。像老鼠之形，头、身、长尾。老鼠善于咬碎东西，头前小点，表示其啃咬东西的碎屑。小篆鼠（ ），可见长有利齿的鼠头" "、鼠身和长尾" "、鼠爪" "。

竄（窜）

小篆竄（窜）（ ），会意字，由穴（ ）和鼠（ ）构成，会意老鼠从洞穴中出来，到处乱窜。"竄"现简化作窜，以穴为形符，串为声符，变成形声字。

16. 龟——龟部

龜（龟）

甲骨文龜（龟）（ ），象形字，像龜（龟）侧面的样子，横写应为" "，有头、甲、足。金文龜（龟）（ ），为龟的正面形。隶书龜（龟）由龟的侧面形演变而来，仍可看出头、足和龜（龟）甲，只是龟尾被伸长夸大了。

17. 蛙——黽部

 甲骨文
 金文
 隶书

黽(黾)，蛙的一种。

金文黽(黾)()，象形字。前腿略短，后腿粗而弯曲，身圆，无尾。其字形与龟相似，故后来龟属类的字也多以黽作形符，如：鼋，鼍等。

 小篆
 隶书

鼋(鼋)，鳖的一种。

小篆鼋(鼋)()，形声字，黽( )为形符，元( )为声符。

18. 鸟(一)——鳥(鸟)部

 甲骨文
 金文
 隶书

甲骨文鳥(鸟)( )，象形字。像鳥(鸟)有头、身、尾、爪之形，是飞禽的总称(详见413页)。《说文》把"鳥"解释为长尾鸟的总称，把"隹"解释为短尾鸟的总称。实际上鳥(鸟)、隹原为一

字，因字形有繁简之别，后分化成鳥(鸟)、隹两字。除这两个泛指鳥(鸟)的字之外，因鳥(鸟)的种类繁多，其它鸟多用形声法造出。

烏(乌)，即烏(乌)鸦。

甲骨文烏(乌)（），象形字，像鸟之形。因烏(乌)鸦全身黑羽，难见其眼，所以烏(乌)字实即鸟字不点睛。隶书烏(乌)下四点是由足和羽毛讹变而来。

甲骨文鳴(鸣)（），像一个引颈长鳴(鸣)的雄鸡（），加口（）表示鳴(鸣)叫从口中发出。金文和小篆鳴，逐渐将鸡（）变成鸟（），鸟鸣的意义更贴切。

汉画像石中的神鸟"凤"

殷代人把鳳(凤)作为知时的神鸟。

甲骨文(一)鳳(凤)（），像头上有丛毛冠、羽长而有圆钱状饰纹的鸟。甲骨文(二)鳳(凤)（）或加凡（）做声符。到了小篆鳳(凤)（）就完全演变成形声字，以鸟（）为形符，凡（）为声符，这个声符罩住了鸟，与一般左右结构的形声字不同。

鷹(鹰)

金文鷹(鹰)(），像一只隹(）啄人(），人臂下短竖表示被啄掉的肉。鹰(鹰)的特点是凶猛，只能用会意法造字。后人又恐他人不解此字为鷹(鹰)，又加一鸟为形符，以雁为声符，演变为形声字。

鴻(鸿)

鴻(鸿)，鸿雁。

甲骨文鴻(鸿)(），形声字，隹(）为形符，隹与鸟同义。工(）为声符。因鸿为水禽，小篆鸿(）又增水(）为形符。

19. 鸟(二)——隹部

甲骨文隹(），象形字，像鸟飞翔的样子。隹、鸟本为同一字，故字中用隹用鸟做形符相同。《说文》："隹，鸟之短尾总名也。"将隹和鸟分开，实有些牵强。

隻(只)

甲骨文隻(只)()，会意字，一只手(⺕)捕捉到一只鸟(鳥)，即捕获之"获"的初文。后演义为作量词的隻(只)，《说文》："只，鸟一枚也。"

集

甲骨文集( )，像飞鸟( )落在树木(木)上，会意字。小篆和隶书又可写作三隹(即三鸟)栖于木上，聚集的意思更明显。

雛(雏)

雛(雏)，幼小的鸟。

甲骨文雛(雏)( )，形声字，以隹( )为形符，芻( )为声符。隹指短尾鸟，也泛指鸟，与鸟同义，在古文中常互用。

霍，《说文》："霍，飞声也。"

甲骨文霍( ), 会意字, 由雨( )和三只鸟" "构成。暴雨初降, 群鸟奋飞回巢, 发出霍霍声响。隶书为了简化, 由三只鸟变一只鸟。

奮(奋), 鸟振羽展翅为奮(奋)飞。

金文奮(奋)( ), 会意字, 由隹( ), 田( )和衣( )构成, 衣在鸟外。会意鸟从人的衣服中争脱, 在田野中奮(奋)飞。

金文奪(夺)( ), 会意字, 由雀( ), 雀外有衣( ), 雀下有一手( )构成, 会意雀在衣中, 被一只手奪(夺)去。

甲骨文雞(鸡)( ), 象形字。一般鸟类字多为形声字, 雞(鸡)因为有其明显特征——鸡冠和长尾, 可区别于其它鸟类, 所以甲骨文鸡和金文鸡均为象形字, 即便如此, 到后来为了不使雞(鸡)与其它鸟相混, 至小篆仍演变为形声字, 以奚为声符, 鸟或隹为形符, 可写作鷄或雞。

20. 鱼——魚(鱼)部

魚(鱼) 甲骨文魚(鱼)(），象形字，像鱼(鱼)正面之形，可见鱼头、鱼身、鱼鳍、鱼尾和鱼身上的鳞。金文魚(鱼)(），逐渐将鱼尾讹变为火()。因魚(鱼)的基本特征非常相似，所有其它各类鱼(鱼)只能用形声法造字。

再 甲骨文再()，由鱼()和二()构成，以"鱼"表示物体，以"二"表示数量，第二个为再。

魯(鲁) 甲骨文魯(鲁)()，会意字，像鱼()出池塘而露出水面的意思，以口()表示池塘，鲁本意为"露"，因鲁字被借用，遂另借用雨露之露，表示露出之露。

漁(渔) （详见482页）

鲜(鲜)

金文鲜(鮮)(），形声字，《说文》："鲜，鱼名"。以魚(鱼)()为形符，羴为声符，羊为羴的省写字。鲜(鮮)，也泛指鱼类，如海鲜、河鲜，引申为新鲜。

鳏(鳏)

鳏(鰥)，鱼名。

金文鳏(鰥)()，形声字，以鱼()为形符，""为声符。后指无妻或丧妻的男子为鳏(鰥)夫。

21. 虫——虫部

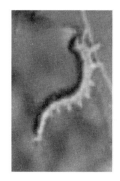

蟲(虫)

蟲(虫)，本为蛇的象形字，甲骨文蟲(虫)()即蛇，单线刻划的蛇头、身，后演化作蟲(虫)字。金文蛇()，则演化作"它"，遂另用形声法造蛇字。蛇本也是蟲(虫)的一种，北方俗称为长蟲(虫)。在古文字中蛇、蟲(虫)实为同源字。大量的昆蟲(虫)，形象虽异，但不能用象形来表示，所以多发展为以蟲(虫)为形符的形声字。作为偏旁，写作"虫"。

蚊

金文蚊（ ），形声字，以虫（ ）为形符，文（ ）为声符。

蛛

金文蛛（ ），形声字，下部为蜘蛛（ ）做形符，上部为朱（ ）做声符。因蜘蛛之形实难刻写，所以最后彻底演绎成以虫为形符的形声字。

蜀

蜀，蛾蝶类的幼虫。

甲骨文蜀（ ），象形字，有头和蜷曲的虫身。后又将此象形字作为形符，加虫作为声符，便成为今天的形声字。四川简称蜀，是假借字，借音而已。

蠱（蛊）

蠱（蛊），古籍记载一种人工培养的毒虫，引申为害人的邪术。

甲骨文蠱（蛊）（ ），会意字，像器皿（ ）中有两只虫（ ），金文蠱（蛊）（ ），写作三只虫（ ）。蠱，今多作毒害、迷惑讲，如：蠱惑人心。

禹

禹，古代一种蛇名，蛇与虫古本一字，蛇又叫长虫。

金文(一)禹，会意字，像一蛇被一手捉住。金文(二)禹，手"𠂇"与"又"同，从金文到隶书蛇形演变顺序为"乇"、"㠯"、"也"、"禹"。

蝉(蟬)

甲骨文蟬(蝉)，象形字，像有蝉头、蝉身、蝉翅形，因写起来难以掌握，所以小篆蟬(蝉)，改为形声字，以虫为形符，单为声符，单读音chán，如：禅、婵、阐等，均是以单为声符的字。

虹

虹，雨后日出天空中出现的彩色圆弧，传说虹为龙吸水。

甲骨文虹，象形字，像一龙形，前后各有一张大口。小篆虹，变为形声字，以虫为形符，工为声符。在为天气现象所造的字中，这是唯一以虫为形符的字。

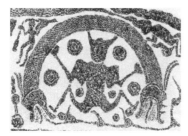

汉画像石弧形为虹（中为雷神）

二十一 肉皮革角毛羽篇

类别	图形	甲骨(金)文	部首	有关字例
肉		𠕒	月	肉、多、有、胃、腹、膏、膚(肤)
皮		𤿟	皮	皮、皴、皰(疱)
皮革		革	革	革、勒、鞭
兽角		𧢲	角	角、解、觸(触)
毛		毛	毛	毛、氅
羽毛		羽	羽	羽、習(习)、翟、翼、翌

1. 肉——月部

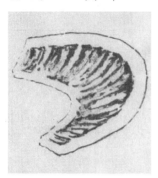

肉 甲骨文肉（𠕎），象形字，像肉块形。小篆演变成像月字，到了隶书，月、肉混在一起，都在月部。月部字实由两部分组成，一部分与肉或人体有关，一部分与日月之月有关。下列字是与肉有关的。

多 金文多（𗀀），会意字。"𠕎"为一块肉的象形，"𗀀"为两块肉的象形。古代在祭台上摆肉以祭祀求福，祭祀完毕，把祭肉分给众人，分得两块肉为多。

有 金文有（𠂇），像一手（𠂇）拿着肉（月），手中有肉表示有，富有。

胃

金文胃()，会意字，""本为胃的象形，小点表示胃里的食物，下部月(肉)会意为人或动物器官。

腹

甲骨文腹()，形声字，以一个腹部很大的人()为形符，复()为声符。隶书写作月(肉)为形符，表示腹为人体的一部分。

膏

膏，油脂，肥为膏。

甲骨文膏()，形声字，以肉()为形符，高()为声符。

膚(肤)

膚(肤)，皮膚(肤)。

金文膚(肤)()，形声字，以肉()为形符，盧()为声符。小篆膚(肤)()，将形符肉()移至左侧，仍以盧()为声符。隶书又恢复到金文的结构。简化字肤，仍为形声字，以月(肉)为形符，夫为声符。

2. 皮——皮部

皮

金文皮（），会意字。好像一只手（）剥取兽皮的样子。""为兽头、兽脊骨和一半兽皮。小篆将""完全支离，已经失去兽皮的样子。与皮有关的字如皴、皰（疱）等均为后起之形声字。

皴

皴，皮肤皴裂。

小篆皴（），形声字，以皮（）为形符，""为声符。

皰（疱）

皰（疱），皮肤上长的像水泡一样的小疙瘩。

小篆皰（），形声字。因皰长在皮肤上，故以皮（）为形符，包（）为声符。皰，现简化作疱，由皮做形符，变为以疒做形符，前者强调疱的生长部位，后者强调疱是一种病。

3. 皮革——革部

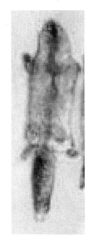

革

革，兽皮去掉毛为革。

金文革（𩊚），象形字，革的上部为兽头，中部为展开的兽皮，皮上有血点，下方为兽尾。

勒

勒，带有爵口的马笼头。

金文勒（𩛱），会意字，为一手用力（ᒉ）拉革（革）之形。马笼头为革制品，拉革意即拉马笼头，马笼头即为勒。勒现多做动词，如：勒紧。

鞭

金文鞭（𠬝），会意字，为一手（彐）持鞭"宀"的意思。小篆鞭（鞭）为后起字，因鞭为皮条制造，故以革（革）为形符，便（便）为声符，变为形声字。

4. 兽角——角部

甲骨文角(㓝)，象形字，像兽角的形状。中间的曲折线，表示角上的纹理。与角有关的字有两类，一类是与兽角有关的字，一类是与酒器——角有关的字(详见174页)。

解，用刀分割动物叫解。

甲骨文解(㓝)，像双手(㓝)分割牛(㓝)和角(㓝)，角上两小点为肉渣或血点。金文解(㓝)，已将手演化成刀(㓝)，表示用刀解牛角，分割之意更明显。隶书也是由刀、牛、角组成。

觸(触)，用角抵为觸(触)。

金文觸(触)(㓝)，形声字，以角(㓝)为形符，蜀(㓝)为声符。

5. 毛——毛部

毛,动物或植物皮上所生的丝状物。

金文毛(毛),象形字,像毛之形。毛(毛)与手(手)字形相近易混,主要区别是竖划下半部的方向相反。

氅,本指鸟类羽毛制成的外衣,后指一般外套大衣。

小篆氅(氅),形声字,氅是由羽毛制成,故以毛(毛)为形符,敞(敞)为声符。

6. 羽毛——羽部

甲骨文羽(羽),象形字,像两片鸟类羽毛的形状。

习(習),鸟类频频举翅试飞为习(習)。

甲骨文習(习)(🖼), 由羽(🖼)和日(🖼)构成, 意思是鸟于晴日展开羽翼学习(习)飞翔, 后引申为学习(习)。小篆習(习)(🖼), 将羽下之"日"讹变为"白"。

翟, 长尾野鸡, 又名雉。

金文翟(🖼), 会意字。隹(🖼)头上有饰羽(🖼), 隹即鸟, 在此指长尾野鸡, 现代多借用为姓氏。

翼, 鸟的翅膀叫翼。

金文翼(🖼), 形声字, 以飞(🖼)为形符, 異(🖼)为声符。小篆翼(🖼), 将形符飞(🖼)改作羽(🖼), "飞"是由展开双翅的鸟演变而来, "羽"也是鸟翅的主要特征, 所以飞与羽其义相通。

翌, 第二天为翌日。

甲骨文(一)翌(🖼), 形声字, 以日(🖼)为形符, 翼(🖼)为声符。甲骨文(二)翌(🖼), 将日(🖼)置换为立(🖼), 仍以翼(🖼)为声符, "🖼"像鸟翼之形。小篆翌(🖼), 将翼(🖼)变为羽, 翼与羽其音相近, 其义相通。

二十二 植物形篇

类别	图形	甲骨(金)文	部首	有关字例
草		ψ	艹	草、才、芳、莫、華(华)、葉(叶)、荓、葬、蓋(盖)、薦(荐)、蒿
树木		✦	木	木、柏、柳、楳(梅)、桑、束、析、林、果、樂(乐)、榮(荣)、麓、森、巢、棋、杜、松、柄、格
带刺的树		✦	朿	棗(枣)、棘
禾		✦	禾	禾、年、季、秋、香、穆、委、稻、櫻
竹		竹	⺮	竹、筍(笋)、笙、節(节)

1. 草——艹部

甲骨文草(ψ)，象形字，像小草初生之形，三个叶片刚刚出土。石鼓文草(𦫺)，形声字，四根草(𦫳)为形符，早(𣅱)为声符。隶书将四草简化为两草(艹)，仍为形声字。草又可解释为草本植物的总称，所以，草属的字很多。

甲骨文才(ψ)，会意字，像地面下的小苗(ψ)刚刚露出地面"一"。金文才(十)，涂实的部位表示地面之下的种子发芽，会意刚才开始。

芳，香草为芳。

金文芳(𦫳)，形声字，以四草(𦫳)为形符，方(方)为声符。小篆将四草简化为两草。

莫

莫，本义为日暮之暮。

甲骨文莫（），会意字，像日（）在草丛"❀❀"中，表示日将落下的意思。隶书已将日下方的双草讹变作"大"字，失去了日在草丛中的原义。莫被借作副词或代词，所以又用形声法另造暮字，以日为形符，莫为声符。

華(华)

金文華(华)（𦫷），象形字，上像蓓蕾，下像茎叶。小篆加形符（❀❀），变为形声字。華(华)，在古文中为花，后華(华)借为光華(华)意。六朝人又另造形声字"花"，并广为应用，華(华)、花遂分成两个字。

葉(叶)

甲骨文葉(叶)（𦬇），象形字，像树木上有葉(叶)之形。金文将葉(叶)片（◊）简化为"ttt"形。隶书为形声字，加形符草（艸）。

莽

莽,密生的草。

甲骨文莽(🐾),由三木"🌿"、一犬(🐕)构成,会意字。犬没在林中,意即草木密生为莽。小篆将三木变作四草"🌿🌿",甲骨文中,草、木常常通用,其义相通。隶书中犬下两草仍可写作"艹"。

葬

甲骨文葬(🐾),会意字。由人(𠂉)、棺木"囗"和草(🌿)构成,人在棺木中,棺木上有草,会意人死棺木入土为葬。小篆将棺木中之人,直接写作死(𣦵),上下四草"🌿🌿"覆盖,会意死人已葬。

蓋(盖)

金文蓋(盖)(🌿),会意字,上为用草(🌿)作成的编织物"∧",下为盛物的器皿(皿),中为被盖之物"凵",会意为蓋(盖)。

薦(荐)

薦(荐)，野兽所吃的草。

金文薦(荐)( )，形声字。以草( )为形符，廌( )为声符。廌，又称獬廌，一种如牛似鹿的神兽，头上有角，传说能判断案件，并用角去抵有罪之人。

蒿

蒿，草本植物。《诗·小雅》："呦呦鹿鸣，食野之蒿。"

甲骨文蒿( )，形声字，以草( )为形符，高( )为声符，四草" "与双草" "相同。

2. 树木——木部

木

甲骨文木( )，象形字，像树木之形。上部为树的枝干，下部为树根。木部的字有两大类，一类为各种树木，如：柏、栗、柳、梅、桑等，这类字大部分为形声字，只有个别象形字；一类是与木有关的字，多为会意字，如：束、折、林、果等。

甲骨文柏(🯄)，形声字，以木(🯅)为形符，白(🯆)为声符。甲骨文中木字在下或在左没有区别。

甲骨文柳(🯄)，形声字，以木(🯅)为形符，卯(🯆)为声符。卯，读音liú，原义为以刀剖开兽畜为两半。刘、留均以卯为声符。

楳(梅)，本指酸梅果。

金文(一)楳(梅)(🯄)，由木(🯅)和甘(🯆)构成，会意字。木结甘(🯆)果为梅。金文(二)楳(梅)(🯄)，形声字，以木(🯅)为形符，某(🯄)为声符。楳写作"梅"，同为形声字，只是声符用字不同。某、楳、梅为同源字。

桑，桑叶可养蚕。

甲骨文桑(🯄)，像树木长满枝叶。小篆桑(🯄)，将叶演变为又(🯆)，甲骨文中又即是手，三手在木上采撷，也可会意采叶养蚕之树木为桑。

束

束,捆绑叫束。

甲骨文束( ),像将木( )束在一起的形状,"O"为束木的绳索类。隶书将曲线变成折线,失去了绳索捆束的意味。

析

析,《说文》:"析,破木也。"

甲骨文析( ),会意字,像以斤( )劈木( )的样子。斤即砍柴工具,似斧。析,又引申为分散、分析的意思。

林

甲骨文林( ),会意字,双木表示树木很多。从甲骨文、金文、隶书到今日的楷书,几千年来字形没有太大变化的字极少,林字便是一个。

果

果( ),会意字,木上有果实的样子。" "表示树木上方果实的范围线,其中小点表示果实。

金文樂(乐)(），像丝(）连在木(）上，会意字，表示琴瑟一类的樂(乐)器。小篆在丝弦之间加白(），白像拇指之形，会意以拇指弹拨琴弦为奏樂(乐)。

榮(荣)，花木的花为榮(荣)，也作繁茂讲。

金文(一)榮(荣)(），会意字，像两枝交叉盛开的花。小篆将花朵形讹作双火。

麓，山脚为麓。

甲骨文麓(），形声字，山脚下多林木，故以林(）为形符，鹿(）为声符。

森，林木多为森。

甲骨文森(），由三木(）构成，三为多，会意林木多即为森。

巢

巢，鸟巢。

金文巢（），会意字，像树木（木）顶端有鸟巢"田"的样子。小篆巢（），"川"为鸟，鸟下之巢已分裂。隶书将木上鸟巢讹变为"田"。

棋

甲骨文棋（），形声字，棋子多为木制，故以木（木）为形符，其（）为声符，字形纵式或横式安排在古文字中比较随意。

杜

杜，本指杜梨，一种水果树。

甲骨文杜（），形声字，以木（木）为形符，以土（）为声符，""，本像地面上一个大土块，后演变为"土"。

松

金文松（），形声字，以木（木）为形符，公（）为声符。公在做声符时多读song，如：忪、讼、颂等。

柄

甲骨文柄(), 形声字。柄为木质，故以木()为形符，丙()为声符。小篆柄()，将甲骨文的上下结构改为左右结构。

格

格，本指树木的长枝条。如"枝格杪颠"。

金文格()，形声字，以木()为形符，各()为声符。

3. 带刺的树——朿部

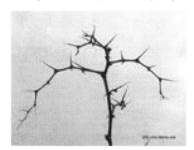

朿

朿，读音为刺，木上长刺。甲骨文朿()，象形字，像木()上长有刺""。下列朿部的字，多与"刺儿"有关。

棗(枣)

棗(枣)，棗(枣)树有刺儿。

金文棗(枣) ()，会意字，枝上有刺儿是棗(枣)树的重要特征，由两株带刺的木会意为棗(枣)。""、""、""均是刺儿的不同表现形式。

棘，酸枣树称棘，也泛指所有带芒刺的草木，如：荆棘。

金文棘(棘)，会意字，由两株带刺儿的树木构成，会意为棘。木上之"丿丨"、"冂"与"↔"同义，均表示芒刺。

4. 禾——禾部

甲骨文禾(禾)，象形字，像禾苗之形。上部像禾穗与叶，下部像禾苗之根。禾苗作为谷类作物的总称，是先民农耕劳作的主要对象，所以用禾作为形符造的字很多。

甲骨文年(年)，由一人(人)、一禾(禾)构成，像人背禾的样子。谷物已熟，人背禾入仓，用秋收表示一年的时光，会意为年。部分金文年(年)，将禾下之人(人)与"一"合写作千，千人背禾，其义不变。隶书"年"古体写作"秊"。

季

季,排行最末者叫季,如春季中第一个月叫孟春,第二个月叫仲春,第三个月叫季春。

甲骨文季(🌾),会意字。由禾(🌾)和子(🧒)组成,子表示幼小,季即表示幼禾,引申为排行小。

秋

秋,古体写作𥤛。

甲骨文秋(🦗),象形字,像蝗虫形。蝗虫到秋季便结束了生命周期,所以借蝗虫为秋(𥤛)。小篆将蝗虫形讹变成龟(🐢)。秋季收获后,放火将枯禾烧掉,待来年再种,故禾、火又会意为秋。

香

甲骨文香(🌾),会意字,像黍或麦"🌾"置放在容器"🔲"之上,以小点表示有香气。小篆香(🌾)禾下为甘(🔲),甘乃是口字所变,入口为甘。隶书禾下之日乃是甘字之讹。

穆

甲骨文穆(𥝌)，象形字，像禾上长有硕大丰满的圆形禾穗的样子，禾穗上有锋芒。金文穆(𥝌)增"彡"，"彡"表示因禾穗成熟，稍有振动禾粒便会纷纷落下的意思。小篆和隶书将禾与禾穗分离。穆有端庄盛美的意思。

委

五代、宋间徐铉曰："委，曲也，取其禾谷垂穗委曲之貌。"

甲骨文委(𪝩)，会意字，由弯曲的禾(𣎴)和女(𠃊)构成，会意为委曲，引申为顺从。

稻

甲骨文稻(𥝌)，会意字，由米(𣎳)和米篓(𠙴)构成。因米(𣎳)已入篓(𠙴)，所以篓上只可见部分米。稻，原生于南方，收获后，农家习惯于用篓背回家中。金文稻(𥝌)，增形符禾(𣎴)，是会意兼形声字。

稷

稷，五谷之长，指高粱。古人把稷封为五谷之神，祭祀谷物的处所也称稷。

甲骨文稷(㮨)，会意字，像一人(㞢)跪在禾(米)前祷祝的样子，会意祭祀谷神为稷。后古人将人形"㞢"讹变为鬼(鬼)，鬼与神义通，禾鬼为稷。

5. 竹——⺮部

竹 金文竹(⺮)，象形字，像竹叶的形状，中国画竹叶的画法就是"个"字叶。竹的质地与木相似，是人们生活中制造工具重要的材料，所以与竹相关的字很多。

笱(笋)

笱(笋)，竹的嫩芽。

金文笱(笋)(笱)，形声字，以竹(⺮)为形符，旬(旬)为声符。旬(旬)，十日为一旬，手(㐬)转了一圈(计十个指头)为一旬。

笙

笙，一种传统的民族簧管乐器，经改良至今仍流行不衰。《诗》："我有嘉宾，鼓瑟吹笙。"

小篆笙(䇯)，形声字，笙是由竹管做成，所以以竹(⺮)为形符，生(生)为声符。

節(节)

節(节)，竹節(节)，是竹的主要特征，常引申为贞节、骨气。郑板桥《竹》："一节复一节，千枝攒万叶。我自不开花，免撩蜂与蝶。"

金文節(节)(節)，形声字，以竹(⺮)为形符，即(卩)为声符。

二十三 地形篇

类别	图形	甲骨(金)文	部首	有关字例
山		ᨓ	山	山、崔、峻、嶽(岳)、巖(岩)、丘、島(岛)
山(升降符)		𠂤	阝(阜)	阜、降、陟、陽(阳)、隊(队)、陵、墜(坠)、陰(阴)、陸(陆)、陶、限、隔
山崖		厂	厂	反、原、厚、厲(厉)
石		石	石	石、磬、碩(硕)
山谷		谷	谷	谷、谿(溪)、豁

类别	图形	甲骨(金)文	部首	有关字例
水			氵	水、川、永、州、江、汪、波、洛、海、湖、湯(汤)、滋、沈、法、沙、河、泉、浴、涉、淵(渊)、濕(湿)、濁(浊)、濤(涛)、濘(泞)、洗、泛、溺、瀕(濒)、泗、汝、漢(汉)
冰			冫	冰、凝、凍(冻)、冬
土			土	土、生、城、基、野、壘(垒)、域、地、均、坡、垂、堵、坐、在
田地			田	田、里、男、周、畝(亩)、畜、疇(畴)、疆
沙			小	小、少、雀

类别	图形	甲骨(金)文	部首	有关字例
围栏疆界		◯	囗	囚、困、甫、國(国)、專(团)、圖(图)、圍(围)
洞穴		∩	穴	穴、空、突、竃(灶)
坑		∪	凵	出、陷、埋、拯
井		井	井	井、丹、阱

1. 山——山部

甲骨文山（ ），象形字，像三座山峰并列。金文山（ ），将三座三角形山峰简化成三条竖线。

崔，山形高大的样子。《诗》："南山崔崔，雄狐绥绥。"

金文崔（ ），形声字，以山（ ）为形符，隹（ ）为声符。

峻，山形高大，如：崇山峻岭。

金文峻（ ），形声字，山（ ）为形符，"夋"（" "的省写）为声符。

甲骨文嶽（岳）（ ），象形字，像山嶽（岳）层峦叠嶂的样子。小篆嶽（岳）（ ），变为形声字，以山为形符，狱为声符。嶽现简化为岳，上为丘，下为山，亦与甲骨文嶽(岳)形义相符。

巖(岩)

品同巖，现简化作岩。岩石或岩石突起形成的山峰为岩。

甲骨文巖(岩)(），会意字，像山（）上有三块突出的巨石"品"，巨石以"口"字形表示。小篆巖(岩)（），改会意字为形声字，以山为形符，嚴为声符。

丘

小土山为丘。

甲骨文丘（），象形字，像地面上有两座小土山的样了，小篆丘已讹变。

島(岛)

《说文》："海中往往有山可依止曰岛。"

甲骨文島(岛)（），会意兼形声字，鸟（）立于山（）上，会意为島(岛)。鸟亦为声符。

2. 山(升降符)——阝(阜)部

阜 甲骨文 小篆 阜 隶书

阜

阜，山。

甲骨文阜(），是山()字旋转了九十度的写法，仍为象形字。甲骨文为了书写方便或便于安排字的结构，常常把本应横写的字变成竖写，如：豕()、犬()、舟()、盘()，""便是""的竖写。阜作偏旁时置于字的左侧，写作"阝"。阝部的字，多与山有关，并常借""作为升降符号，表示从高向低，或从低向高处运动。

降

降，从高处向低处运动。

甲骨文降()，会意字，由山()和双止""组成，双止即为双脚。双脚一左一右，一前一后，足趾的方向朝下，意即由山上向山下运动，即降。

陟

陟，由低处向高处走，与"降"相对。

甲骨文陟（ ），会意字，左边是山（ ），右边是两只脚" "，一前一后，一左一右，脚趾向前（向上）会意向高处走为陟，后引申为晋升。双止即双脚。金文双止由" "演变为" "，隶书演变为"步"。

陽（阳）

陽（阳），山的南侧，向阳（阳）的部分。

先民用山的向阳面和背阳面来区分阳与阴，甲骨文陽（阳）（ ），会意兼形声字。由山（ ）和" "会意为阳。" "即太阳升起，兼做声符。在古文字中，" "在左和在右无区别。

隊（队）

隊（队），坠落，即墜的本字。因隊（队）后来多借为隊（队）伍之隊（队），所以，另造墜，隊（队）、墜原本一字。

甲骨文隊（队）（ ），像一个头朝下的人（ ）从山" "上坠落的样子。金文隊（队）（ ）则将人换成一只豕（ ）即猪从山上坠落状，为会意字。

陵

陵，登升。

甲骨文陵(），会意字。像一个人()一脚在地，一脚蹬在山崖()上，会意为登升，即为陵。在地面上的脚能看得见，已登上山崖的脚看不见。金文陵()人形变化较大。

墜(坠)

墜(坠)，由高处向低处落下。

金文墜(坠)()，会意字，像一头豕()即猪已被击中或缚住，""为戴绳索的猪。自山坡()落到地面，土()便表示地面，会意为墜(坠)落。""即""，是山的竖写，也作升降符号使用。

陰(阴)

金文陰(阴)()，形声字，以山的背面为陰(阴)，所以陰(阴)以山()为形符，饮()为声符，""简化为""。小篆陰(阴)()增形符云()，有云则天阴，今()为声符，为会意兼形声字。

陆（陆）

甲骨文陆(陆)（𨸏），会意字，"阝"同"𨸏"，为山坡，"个"为庐形即房屋。像山坡上一层层的房屋，会意为陆(陆)地。金文陆(陆)（陆），房屋下增土（土），陆地之意更明显。

陶

陶，陶器，先民生活中最早、最普遍使用的主要饮食和生活器皿为陶器。

金文陶（陶），会意字，像两人（人）在山坡（阝）弄土（土），土为制陶材料，会意为制陶。汉简陶（陶），"缶"为一人手持工具在制陶的样子。

限

限，限制、阻隔。

金文限（限），会意字，由阜（阝）和见（见）构成。阜，就是山，是山（∆∆∆）的竖写。见，主要表现人头上的大眼睛——目。金文限，像一个人扭头看，但眼前是山，山阻隔了人的视线，会意为限。

隔 小篆 隶书

隔，阻隔。

小篆隔（ ），形声字，左侧由山（ ）做形符，意即因山而阻隔，鬲（ ）为声符。

3. 山崖——厂部

"厂"是山崖的象形，"厂"作部首的字，可分为两类，一类是与山崖有关，另一类与房舍有关，与"广"义同(见214页)。

反 甲骨文 金文 隶书

反，攀的初文，借音为反。

甲骨文反（），会意字，由山崖（）和一手（）构成，像以手攀崖的样子。反字被假借义所专用，原义已消失。

原 金文 小篆 隶书

原，泉水的本源。

金文原(图)，会意兼形声字，像水从山崖(厂)的孔中流出"图"，形符为山崖(厂)，泉(图)也兼做声符。

厚，山陵之厚。

金文厚(图)，会意字，由象征山陵的"厂"和"图"构成，"图"乃是高(图)的倒写，山的高度反过来看便是山的厚度，故会意为厚。

厲(厉)，磨刀用的石头，后引申为勉励、激励。

金文厲(厉)(图)，形声字，以山石(厂)为形符，萬(万)为声符。萬(万)即"蠆"省去虫的简写。

4. 石——石部

甲骨文石(图)，象形字。山崖(厂)下面一"口"表示石。甲骨文山本作"图"，竖起作部首为"阝"，"厂"乃"阝"的一部分，即石，加"口"更突出了石的象形。

磬，石制成的一种打击乐器。

甲骨文磬()，会意字，像一绳系石()，""石即石磬，磬的形状亦如此。以手持锤()击打，会意为磬。小篆磬()，磬下增"石"，更强调了磬为石质。

出土的石磬

硕 (硕)

(详见55页)

5. 山谷——谷部

谷，两山之间狭长而有出口的地带。

甲骨文谷()，会意字，像水()自谷口流出，""""即为谷口的简形。

谿(溪)

谿，现简写作溪，山间的流水。

小篆谿(溪)，形声字，谿本自山谷流出，故以谷为形符，奚为声符。

豁

豁，通敞的山谷，引申为宽敞、大度、舒展。

小篆豁，形声字，以谷为形符，害为声符。

6. 水——氵部

甲骨文水，象形字，中间像水流之形，其旁为水点。与水有关的字除象形会意字外，江河湖海的名称基本上都是形声字。前者如州、沈、沙、法、泉、涉、津等，后者如河、湖等。

川

河流为川。

甲骨文川，象形字，像两岸间有水流的样子。在甲骨文中，川与水皆像水流形，无区别，本为一字，后世演变为两字。

永

甲骨文永（ ），由人（ ）、水（ ）、动符（ ）组成，会意字，表示人在水中游动，本为泳的原字，后借为永久之永。遂又用形声造字法加水做形符成泳字，永、泳演变成两个字。

州

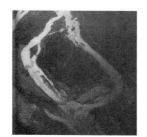

水中的陆地为洲。

甲骨文州（ ），象形字，像水中有一块高地的样子。州本是洲的原字，因州被借为行政区划的州府之州，所以才另用形声造字法造洲字，氵（水）为形符，州成了声符。州、洲遂由一字演变成两个字。

江

金文江（ ），形声字，以水（ ）为形符，工（ ）为声符；工读为gāng，如肛、缸、杠等都以工为声符。

汪

金文汪（ ），形声字，以水（ ）为形符，往（ ）为声符，甲骨文往写作"">"，为来往之往的初文。到隶书，变为以王为声符。

波

古文波( )，形声字，以水( )为形符，皮( )为声符。皮( )像以手剥动物的皮，""为手，""为动物头及剥下的一半皮。""为""的变异。

洛

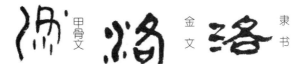

甲骨文洛( )，形声字，洛为水名，所以以水( )为形符，各( )为声符，为落的初文。""同""，足趾向下，意即树叶纷纷向下落。

海

金文海( )，形声字，以水( )为形符，每( )为声符。

湖

金文湖( )，形声字，湖必有水，故以水( )为形符，古( )为声符。小篆湖( )，变为以胡为声符。

湯(汤)

金文湯(汤)(），形声字，故以水(）为形符，易(）为声符。易读yáng，阳、扬、杨、疡等均以此为声符，易与易为不同字。

滋

滋，湿润为滋。

甲骨文滋(），会意兼形声字。由水(）和水中丝(）构成，会意为滋润，丝(）又兼做声符。甲骨文丝、兹为同一字。

沈

沈，投入水中为沈，即现代汉语中的沉。沈牛，将牛沉水底，古代祭水神的一种仪式。郑玄注："祭山林曰埋，川泽曰沈。"

甲骨文沈(），会意字，像一牛(）投入水(）中的意思。金文沈(），"牛"像一带枷索的人(投入水中)，由沉牛变为沉人。

法

(详见428页)

沙

金文沙（ ），会意字，由沙的象形"•"和水（ ）组成，意即水边的小粒为沙。小篆、隶书将沙的象形"•"演变为"少"。

河

甲骨文河（ ），形声字，水（ ）为形符，苛（ ）为声符。金文河（ ），将苛（ ）与可（ ）连在一起做声符。隶书河则简化为以可为声符。

泉

甲骨文泉（ ），象形字，像水自穴洞中流出的样子。" "为穴洞，" "为水流。金文泉（ ）没有了水点，但仍保存了洞穴中水流的意思。

浴

甲骨文浴（ ），会意字，人洗澡为浴，所以浴由人（ ）、水（ ）和盛水器皿（ ）构成。小篆浴（ ），形声字，以水（ ）为形符，谷（ ）为声符。如峪、裕等，均以谷为声符，读yù。

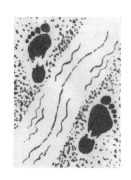

涉

涉，徒步过水叫涉。

甲骨文涉( )，会意字，中间为水( )，象征河，河的左、右各一只脚" "，意即人由一岸过到另一岸。金文涉( )左边另加水( )，以强调涉水，右边仍保持甲骨文涉( )的简化形。隶书涉右边的"步"，即是上下两只脚演变而来。

淵(渊)

淵(渊)，深潭。

甲骨文淵(渊)( )，会意字。" "为潭的轮廓，中有水( )。金文淵(渊)( )，又加水( )为形符，渊( )为声符，以强调淵(渊)中有水(实际上渊内已有水)。隶书淵(渊)( )，渊内已不像水，简化字渊内水变成了米。

濕(湿)

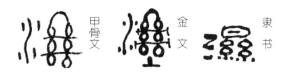

甲骨文濕(湿)( )，会意字。由水( )和丝( )构成。会意为丝里有水为濕(湿)。金文濕(湿)( )增土( )，意为丝落在地上沾上水为濕(湿)。

濁(浊)

濁(浊)，古水名，又液体不清为濁(浊)，引申为昏暗不明。

金文濁(浊)( )，形声字。以水( )为形符，蜀( )为声符。

濤(涛)

甲骨文濤(涛)( )，形声字，大水才成涛，以水( )为形符，寿( )为声符。" "即田畴的畴，像耕种过的田垅，甲骨文借畴为寿。

濘(泞)

濘(泞)，本为小水，后引申为泥濘(泞)。

甲骨文濘(泞)( )，形声字，以水( )为形符，" "同" "，宁( )为声符。

洒

洒，本为洗涤之洗。

甲骨文洒( )，形声字，以水( )为形符，西( )为声符。" "为鸟巢形，鸟归巢，会意为西。洒、洗为古今字之别，洒现为灑的简化字。

泛

泛，漂浮。泛舟，坐船游玩。

甲骨文(一)泛，会意字，由舟（ ）和水（ ）构成，会意舟浮在水上为泛。甲骨文(二)泛，舟（ ）在水（ ）中，泛舟之义甚明。

溺

溺，本是尿的初字。

甲骨文溺，会意字，像一人（ ）撒尿的样子，" "为尿。小篆溺，将人（ ）讹变为" "，尿水" "讹变为" "，并变成双人撒尿，增水（ ）为形符，而演变为溺。现溺仍作尿讲，如：便溺，即大小便。溺又作过分讲，如：溺爱。作淹没在水里讲，如：溺死。

濒（瀕）

濒（瀕），水边。

金文濒（瀕），会意字。由页（ ）、双止（ ）和水（ ）组成。页即人，意即人到了水边，收住双脚不能前进，表示这里即是濒（瀕）。也可理解为由页（即人）和涉组成，会意人到了水边，必须涉水而过，这涉水的地方即为濒（瀕）。

泅

泅，游泳而过江河湖海为泅渡。

甲骨文泅( )，会意字，像一子( )在水( )中游，子即泛指人。小篆泅( )改为形声字，以水( )为形符，囚( )为声符。隶书泅字结体与小篆相同。

汝

汝，河名，本指汝水，后来借为代词，表示第二人称，相当于"你"。

甲骨文汝( )，形声字，以水( )为形符，女( )为声符。

漢(汉)

漢(汉)，水名，即汉水。又引申为种族名，汉族。古代北方少数民族对汉族男子称汉子，故汉子又用作男子的通称。

金文漢(汉)( )，形声字，以水( )为形符，"莫"为声符。

7. 冰——冫部

冫

金文冰（⟨图⟩），为冰的本字，像水结晶成冰之形。小篆冰写作"⟨图⟩"，隶书冰写作"⟨图⟩"。凡由"⟨图⟩"构成的字，多与寒冷有关。

冰

金文冰（⟨图⟩），会意兼形声字。由"⟨图⟩"和"⟨图⟩"构成，"⟨图⟩"为冰块的象形，"⟨图⟩"表示冰是由水结成的。

凝

水结冰为凝。

金文凝（⟨图⟩），与冰本为一字，后分化成两字。小篆凝（⟨图⟩），以冰（⟨图⟩）为形符，疑（⟨图⟩）为声符。

凍（冻）

凍（冻），冰凍（冻）。

小篆凍(冻)()，形声字，以冰(🦴)为形符，东(🦴)为声符。

甲骨文冬(🦴)，像丝的末端，会意为终。冬为一年之末，故借终为冬。小篆冬(🦴)，加形符冰(🦴)，更显冬季特点。

8. 土——土部

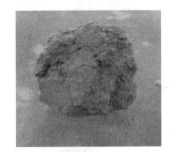

甲骨文土(🦴)，象形字，像地面上的大土块。金文土(🦴)，土块填实，后演变为"土"。

生，长出，引申为生育、生产、生命。

甲骨文生(🦴)，会意字，像草木(🦴)自土(🦴)长出。草和土紧连为一体便为生(🦴)。

城

金文城（ ），原为会意字，由城的象形"昌"和戊（ ）（斧类兵器）组成，意即以戊保卫城池。后演变为形声字，以土为形符，土为疆土与城同义，以成为声符。

基

基，地基之基。

甲骨文基（ ），像土（ ）在箕（ ）上，是基的原始字。金文基（ ），土在箕下，古文字中，偏旁变动比较随意，土在箕上与在箕下没有区别。用箕盛土以垫基，土为形符，其为声符，会意兼形声字。

野

埜，郊外，树木丛生之处为埜。埜现写作野。

甲骨文野（ ），双木（ ）在土（ ）上，会意字，生长树林的土地为野。

金文罍（垒）（ ），形声字，以土（ ）为形符，雷（ ）为声符。罍（垒）字上部的田，与田地之田无关，它是雷的象征符号。

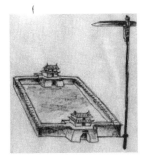

域

域，国家、疆界的意思。

甲骨文域(⊡⌐)，会意字。由象征城郭的"口"和戈(⌐)构成。会意以戈保卫城郭"口"为域。金文域(⊡⌐)，将"口"演变为"⊡"。或、域均与国为同源字，"或"增土(土)，表示域为疆土，"或"加城池范围线"囗"为國(国)，遂分成或、域、國三个字。作连词的或者之或是假借字。

地

金文地字形为墬(墬)，会意字，由手(⌐)、豕(⌐)、山陵(⌐)、土(土)构成，豕即猪，会意猪被手捉住(或被击中)，从山陵落到土上，此土即为地。

均

均即匀。

金文均(匀)，会意兼形声字，由土(土)和匀(匀)构成，土、匀为均，匀亦做声符。

坡

金文坡(), 形声字, 坡为土坡故以土()为形符, 皮()为声符, ""是皮()的变异。

垂

甲骨文垂(), 会意字, ""为土, ""为下垂的花叶, 会意生长于土上的草木花叶下垂的样子, 即为垂。

堵

堵, 墙壁为堵, 又引申为墙的量词, 如一堵墙。

金文堵(), 形声字, 以城池的象形""为形符, ""(音煮)为声符。城池和疆土意义相同, 所以""和""可以互换。如"城"可写作""。""是者()的变异。

坐

甲骨文坐(), 会意字, 像一人()坐于土()堆之上。古文坐(), 演变为双人()坐土上。

在

甲骨文借才(才)为在。金文在(在),形声字,在,即是存在,存在是以土为根基,故土(土)为形符,才(才)为声符。隶书在(在),将才(才)演变为"才"。

9. 田地——田部

田

甲骨文田(田),像田地之形。殷代实行井田制,所以农田必呈方形。由田组成的字,大致可分成两类,一类是与田地有关,如:男、畝、畴、疆等;一类是方形或近似方形的物体,演变为田形,此类字与田地无关,如:異(异)、畢(毕)、壘(垒)等。

里

里,人居住的地方为里,如故里。

金文里(里),会意字,由田(田)和土(土)构成,意即有土地以种田的地方为里。

男

甲骨文男(男),由田(田)和力(力)组成,会意字,在田地里用力气者,就是男人。力(力),像人的手臂形,手臂是力的象征,用以表示力。

甲骨文周(⊞），本为象形字，像田间阡陌纵横，中有种植繁密的作物之形。后被作为周朝国号，加口(㠯)表示国家政令从口而出。

畝(亩)，田地的丈量单位。

金文畝(亩)(田每)，形声字，以田(田)为形符，每(每)为声符，在古文中每与母同。隶书根据小篆演变而来，形、声都不明显了。

《淮南子·本经篇》："拘獸以为畜。"

甲骨文畜(畜)，由绳索(㐁)和田(田)构成。田为田猎，古代狩猎为田猎。绳索表示拘系田猎所获动物，字中省略了动物形。拘养田猎所获动物为家畜。

疇(畴)，已经耕种过的田地叫田疇(畴)。

甲骨文疇(畴)(㠯)，象形字，其形状像耕过的田垄。"㇄"为耕的陇线，"㠯"为翻过的土块。金文疇(畴)(田㠯)，增田(田)为形符，以甲骨文畴(🅐)为声符，变象形字为形声字。隶书畴(畴)(🅑)，演变为以寿为声符。

(详见477页)

10. 沙——小部

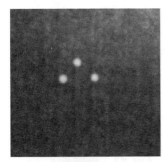

甲骨文小(🅐)，会意字，在肉眼可视范围中，沙粒的体积是最小的，所以用三个散落的沙粒表示小。

甲骨文少(🅐)，会意字，由四个小点会意少。本来四点和三点同为小，后逐渐以三点为小，四点为少，金文把第四点拉长作撇，以区别于小。

雀，小鸟为雀，如：麻雀、黄雀等。

甲骨文雀(🅐)，会意字，由小(🅑)和隹(🅒)组成，隹即鸟，会意小鸟为雀。

11. 围栏疆界——囗部

"囗"作部首的字,大至国家疆界,小至围墙、木栏,均可以"囗"表示范围、边界、形状等。

甲骨文 小篆 隶书

囚,监禁犯人。

甲骨文囚(),会意字,像一个人( )在木栊"囗"里的样子,会意此即囚犯、囚禁之囚。

甲骨文 小篆 隶书

困,古文为门槛。

古文困可写为" ",由止、木构成,有限制人行走的意思,引申为有困穷之意。甲骨文困(),会意字,木( )在围栏"囗"中,意即困住。

圃 金文　小篆　隶书

圃，菜园、苗圃。

金文圃(圖)，由"囗"和"甫"构成，"囗"像菜园围栏，甫(甫)像园中长出菜苗，甫也做声符。

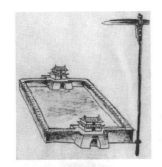

國(国)　甲骨文　金文　隶书

甲骨文國(国)(或)，会意字，"囗"为城形，以戈(戈)守卫，意即所守之城为國(国)。古文字中，"國(国)"和"或"为同一字，后"或"被借为或者、或许之或，遂在"或"上加范围线"囗"，表示國(国)的疆界。"國(国)"与"或"分离成两个不同意义的单字。

團(团) 金文 小篆 隶书

團(团)，圆形物为團(团)。

金文團(团)(團)，形声字，以圆形示意线"囗"为形符，專(專)为声符。

金文圖(图)(圖),会意字,"口"表示城廓,代表国邑。啚(啚)是鄙的初文,代表边远的地方,两者相合会意为地圖(图)。

圍(围)

甲骨文圍(围)(圍),本义即包圍(围),"口"为城的示意,上下左右各一止"止"呈环绕方向,止即脚,意即城已被人包圍(围)。后来,省去左右两止,成韋字,增加城郭的范围线(口)为形符,以韋为声符,演变成圍(围)。

12. 洞穴——穴部

穴,地下的洞穴、窗窟窿。

小篆穴(穴),象形字,像穴之形。

空

空，今称为孔，引申为空虚、没有。

金文空（），形声字，有穴才有空，故以穴（）为形符，表示空意，工（）为声符，如，空穴来风。

突

突，冲、撞的意思，引申为突然。

甲骨文突（），会意字，像犬（）半露在穴（）中，会意为突然冲出。犬因在穴中，所以"犬"写的不完整。

竈(灶)

竈(灶)，生火做饭用的炊灶。

金文竈(灶)（），由穴（）和黽（）构成，古人挖穴为灶，故以穴为形符，今简写为灶。

13. 坑——凵部

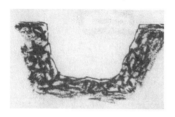

凵　"凵"这是坑的象形，凡由坑构成的字，在甲骨文时期多以"凵"表示，生动简明。

 甲骨文　 金文　 隶书

出　出，进出之出。

甲骨文出（ ），会意字，像止（ ）自门槛（ ）或穴中迈出，止即脚。金文出（ ），像脚从穴中（凵）迈出，会意为出。

 甲骨文　　小篆　　隶书

陷　陷，自高处坠入。

甲骨文陷（ ），会意字，像人（ ）陷入坑（凵）内，人周围之小点为土块。小篆加形符"阝"，表示自高处向低处陷入。隶书则将人（ ）置于陷坑上部，"臼"便是陷坑。

埋

甲骨文埋（ ），会意字，像牛（ ）在坑"凵"中，会意为埋，坑中小点为土块。也有写作" "像埋羊、" "像埋人，其义均为埋。小篆埋（ ），变为形声字，以草（ ）为形符，貍为声符。隶书由土、里组成，在土里面，其意即埋，为新的会意字。

拯

拯的本字是丞。

甲骨文拯（ ），会意字，像坑"凵"中有一人（ ），被双手（ ）向上拉的样子，会意为拯救，即是丞。后丞字被借用，遂用形声造字法造拯字，再增手（扌）为形符，丞为声符。

14. 井——井部

井

井，水井。

甲骨文井（ ），象形字，像井口上石栏的形状，金文井（ ），井中增一点作指事符号，指明此处为井口。

丹

丹,一种丹砂,古时道家制药多用丹砂。

甲骨文丹(曰),指事字,"曰"像采丹井,内中一点指事为丹。

阱

阱,陷阱,用以捕捉野兽。

甲骨文阱(　、　),会意字,有两种构字形式,一是由鹿(　)和陷坑"　"构成,坑中小点为土块,一是由鹿和井(井)构成,会意鹿陷于坑内或井内均为阱。井兼做声符。小篆阱(　),省略了所陷落的动物,由升降符(　)和井构成,会意自上而下陷落在井内为阱,井亦做声符。

二十四 天象篇

类别	图形	甲骨(金)文	部首	有关字例
太阳		⊙	日	日、旦、昔、昏、時(时)、是、昧、暈(晕)、暴、春、曆(历)、量
月亮		)	月	月、外、夜、朝、期、夙、霸
星		✡	星	星、晶、参(參)
风			风	風(风)、飄(飘)
雨		雨	雨	雨、雲(云)、電(电)、雪、雷、霾、霖、靈(灵)
火		火	火	火、赤、光、炎、炙、災(灾)、焚、煙(烟)、燼(烬)
气		三	气	氣(气)、氛

1. 太阳——日部

 甲骨文 金文 隶书

日

甲骨文日()，象形字，像圆形的太阳，因在甲骨上不便刻成圆形，所以刻作方形，中间一横是为了区别其它方形或圆形。下列日部的字，以日为形符。还有不少字虽带日，但与日无关，是由其它物形演变而来，如：曾、會(会)、晋、曹等，这部分字可参见其它部。

 甲骨文 金文 隶书

旦

日出时分为旦。

旦，天刚亮，早晨为旦。

甲骨文旦()，会意字，像太阳刚从地面升起，日()下为土(○)，隶书旦日下演变为一横，如地平线。

昔 甲骨文 小篆 隶书

昔，过去的日子。

甲骨文昔()，由日()和洪水(~~)组成。古时洪水经常泛滥，危及先民，昔字告诫人们不要忘记过去的洪水灾害。

昏

甲骨文昏（），会意字，时近黄昏太阳快要落山，像人（）手可触摸到日（），会意日已降下为黄昏之昏。

時（时）

甲骨文時（时）（），形声字，由形符日（）和声符止（）组成，可写作"旹"。小篆時（时）变为以寺（）做声符，旹与時（时）为同字异构。

是

是，正、直为是。

金文是（），会意字，由日（）和正（）构成。以日为正，则为是，段玉裁注"天下之物莫正于日也"。日下一竖"", 取象于日下立一木杆，日至中午则杆影正。

昧

日出之前谓之昧，引申为不明，如蒙昧、愚昧等。

金文昧（），形声字，昧为一日中天未明之时，故以日（）为形符，末（）为声符。

晕(暈)，日或月周围的光圈。

甲骨文晕(暈)（ ），会意字。像日（ ）周围有晕(暈)气之形，" "表示晕(暈)气。小篆晕(暈)（ ），演变为形声字，以日（ ）为形符，军（ ）为声符。

暴，即曝的初文，本为晒干之意。

金文暴（ ），会意字，由日（ ）和麦（ ）构成，会意为日下晒麦为暴，日下之" "为阳光下射之形。小篆暴（ ），将麦（ ）置换为米（ ），由日、出（ ）、双手（ ）、米构成，会意日出后双手将米曝晒。隶书，将米（ ）讹变为水（ ），晒米之意变得隐晦。暴被借作它意后，遂以日为形符，以暴为声符，造曝字。

甲骨文春（ ），形声字，以草（ ）为形符，屯（ ）为声符。四根草，象征春季草木茂盛的样子。甲骨文春，也有以木做形符的，草和木意思相通。金文春（ ）又加日做形符，会意春日融融。

曆(历)

金文曆(历)(㦪),形声字,曆(历)为记录年月日节气的书,故以曰(曰)为形符,秝(秝)为声符,秝读音lì。

量

甲骨文量(量),由曰(曰)、東(東)构成,東(東)为一袋状物,会意所称为袋的重量。金文(二)量(量),由曰、重(重)构成,会意曰下称重为量。

2. 月亮——月部

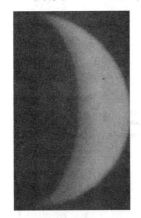

甲骨文月(月),象形字,像月牙之形。早期甲骨文月多不加点,因月(月)与夕(夕)形同易混,后期甲骨文月加点以区别于夕。月部字,大致分为三类,一类是与月亮有关,如:外、夜、明、夙、期、朝等;一类是与肉有关,故月部又称月肉部,此类字很多,如:胸、臂、腹等(见肉部);一类是由舟和其它物象演变而来,如:朕,勝等(见舟部)。

外

外,疏远,背离为外,如外人、外心。

在卜辞中多以"卜"为外,甲骨文卜(卜),像商代占卜时烧龟甲出现的裂纹,裂纹称卜兆,卜兆先出竖纹,然后在竖纹上再出现斜纹,斜纹向上或向下,但均为向外,所以卜又借为外。金文外(外),由月(𠂆)和卜(卜)构成,月表示远,卜、月结合为外,会意字。

夜

金文夜(夜),形声字,夜间的明显特征是有月亮,故月(𠂆)为形符,亦(亦)是腋的初文,做声符。为结构对称,亦右侧一点让位于"月"。月、夕古为同字。

朝

朝,早晨,如李白诗:"朝辞白帝彩云间。"

甲骨文朝(朝),像日(日)出已在草(艹)中,而一弯残月(月)犹未落下,会意为早晨即朝。金文朝(朝),将月(𠂆)讹化成流水形"川",隶书又恢复了甲骨文原义,日、月同在。

期

期，日期之期。

金文期(𣍃)，形声字，多以日(日)做形符，其(𠀠)为声符。个别金文以月做形符，其意不变。小篆定为以月(月)为形符，"其"为声符，隶书与小篆同构。

夙

夙，早，早晨为夙，又引申为平素，如：夙愿。

甲骨文夙(𠂉)，会意字。像一个张开双手的人"𠂉"在月(夕)下劳作的样子。金文夕(夕)同月(月)，夕、月均由月的象形而来。天未亮月尚在而做事意为早。隶书夙，月(月)尚在，人与双手"𠬝"则讹化为"𠘧"。

霸

霸，阴历每月月初见到的月亮为霸。

金文霸(霸)，形声字，以月(月)为形符，"䨣"为声符。霸，后借指古代诸侯联盟的首领，引申为依仗权势、横行一方的人。

3. 星——星部

星

甲骨文星（ ），形声字。以"口"为星的象形，因圆不便在甲骨上契刻，所以刻成方形。五"口"表示数量多，不是定数。生（ ）为声符。小篆将"口"讹写成"日"，非日月之日，此中之日仍为星的形符。

晶

晶，光亮。

甲骨文晶（ ），即"星"的象形字。小篆变为三"日"，实与日无关。因星闪闪发光，所以借星造"晶"字，表示光亮。星字另加生（ ）为声符，晶、星遂分成两字。

参（参）

参（参），星名。杜甫诗："人生不相见，动如参与商。"参（参）、商均为星名。

甲骨文参（参）（ ），像三颗星（ ）在人（ ）头顶上，金文参（参）（ ），将表示星的圆形中加一点成" "，" "表示光芒下射。

4. 风——風(风)部

汉画象石中的凤

 甲骨文　 小篆　 隶书

風(风)

因风不便象形，甲骨文中，以凤(𩙿)代表風(风)，或加凡(𠙴)为声符，为双声叠韵字。凤，古代传说中的神鸟，头上有丛毛冠，有似孔雀一样的钱状尾羽。風(风)乃后起字，与風(风)有关的字甲骨文、金文中未见，小篆中多为形声字，如飘等。

飄(飘)

 小篆　 隶书

飄(飘)，风吹而飄(飘)。

小篆飄(飘)（𩙺），形声字，以风(凤)为形符，票(𤯲)为声符。

5. 雨——雨部

甲骨文　金文　隶书

雨

甲骨文雨(𠕲)，象形字，像雨自天而降。雨点没有定数，所以甲骨文、金文中，雨点写起来比较随意，可多可少。后来各种天气现象的字多以雨为形符。

雲(云)

甲骨文雲(云)(𠃉)，象形字，像雲(云)回卷形。小篆雲(云)(雲)加雨(雨)为形符，云(云)为声符，变为形声字，现在使用的简化字云，正是甲骨文初始的字形，仍为象形字。

電(电)

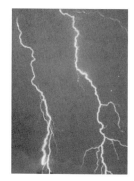

金文電(电)(電)，形声字。以雨(雨)为形符，申(𢼔)为声符。申(𢼔)本为闪电的象形，即電(电)的本字，因闪电在发生时，会迅速向某一个方向伸展，故申(电)被借为伸展之"申"。申被借作它用后，电字遂写作竖弯钩，以示与申的区别，申、电遂分成两字。

雪

甲骨文雪(雨)，会意兼形声字，以雨(雨)为形符，雨下为羽(羽)，会意像羽毛一样的为雪，如：鹅毛大雪。"羽"又为彗的初文，彗又为声符。

雷

甲骨文雷（ ），会意字。雷声必有闪电，用"﹖"表示雷电之电，像电闪之形，正负电相击而有雷声，所以，又以"O""田"表示雷声。"田"是古人想象出来的抽象的雷声，类似车轮，雷声隆隆即像车轮的滚动声。

霾

霾，空气中因含有大量烟、尘等微粒而形成的混浊天气，称霾。

甲骨文霾（ ），形声字，以雨（ ）为天气的形符，"貍"为声符，"貍"即貍，本为野猫，古文中貍通埋，读音mái。

霖

霖，多日连续下雨为霖。

甲骨文霖（ ），形声字，以雨（ ）为形符，林（ ）为声符。

靈（灵）

装成神鬼以求神驱邪或降福的人称为靈（灵），靈（灵）与巫同义，均为装神弄鬼之人。

金文靈（灵）（ ），形声字，祈求神仙故以示（ ）为形符，霝（雷）为声符。小篆写为以巫（ ）为形符，因巫同属求神的人。隶书可写作从玉（ ）。

6. 火——火部

甲骨文 金文 火隶书

火

甲骨文火(⺣)，象形字，像火焰之形。在甲骨文中火(⺣)与山(⺽)易混，火焰为弧线，山为直线。在汉字的演变过程中，一部分带火的字，讹变为四点"灬"，如：照、焦、熬等，所以在《汉语大字典》中，将"灬"放在"火"部。除由火变为四点外，"灬"的演变比较复杂，如：魚(鱼)(🐟)，将鱼尾变为"灬"；燕(🐦)将燕尾变为"灬"；無(无)(🕺)将舞者下肢化为"灬"；烏(乌)(🐦)将乌鸦的足和羽化为"灬"，等等。下列是与火(⺣)有关的字。乌、無等本义非火而是讹变成"灬"的字，参见其它部。

赤

甲骨文 金文 赤隶书

甲骨文赤(炎)，会意字，像一正面站立之人"大"在火(⺣)上烧。远古时代一种祭祀的形式，此祭祀名"赤"。大火焚人，后引申为红色。

光

甲骨文 金文 光隶书

甲骨文光(🔥)，会意字，由人(𠆢)和火(🔥)构成。火在人头顶，有光明意。

炎，火苗升腾。

甲骨文炎(炎)，火(火)在火(火)上，双火叠加表示火焰向上升腾状，会意字。

炙，烧烤为炙。"炙手可热"，手一接近就烫手，比喻气焰很盛。

古文炙(炙)，会意字，有肉(夕)在火(火)上烧烤，即为炙。

甲骨文灾(灾)，会意字，屋(宀)内失火(火)为灾。小篆火上加水(巛)，会意水、火为灾(灾)。灾分为兵灾(戈)、火灾(灾)、水灾(巛)，分别由戈、火、巛(水)构成，现统一简化为灾。

焚

焚，用火烧山林、枯草，与烧同义。

甲骨文焚( )，会意字，上为双木林( )，下为一手( )握火把" "烧林的样子，会意为焚。金文焚( )，将手( )去掉只留火( )。

煙(烟)

煙(烟)，物质燃烧时所产生的气状物。

金文煙(烟)( )，会意字。室( )内有火( )，煙(烟)自烟囱( )冒出，右为供桌( )。

燼(烬)

燼(烬)，物体燃烧后的灰烬。

甲骨文燼(烬)( ), 会意字, 像一手( )持一木棍( )在拨弄火( ), 会意检查火是否已化为灰烬。隶书变为形声字, 以火为形符, 盡为声符。

7. 气——气部

氣(气)

甲骨文氣(气)( ), 象形字, 像云氣(气)形。本为三横, 到周代, 为区别于"三", 遂在第一、三画上加弯曲。金文氣(气)便写作" "。古人对气体的认识十分有限, 所以作为气体元素的各类气体名称, 如: 氖、氢、氧、氮等, 均为后起形声字。

氛

氛, 气氛。

小篆氛( ), 形声字, 以气( )为形符, 分( )为声符。氛围则指周围的气氛和情调。

二十五 隐形物篇

类别	甲骨(金)文	部首	有关字例
色彩、花纹、声音、光影	彡	彡	彤、彰、彭、参(參)、影、彪
分开	八	八	八、分、半、公、柬、胤
进入	入	入	入、内

1. 色彩、花纹、声音、光影——彡部

在甲骨文或金文中，如：声音、光线、阴影、花纹、色彩等，不定形或变换的图像，不能用准确的象形来表达，多用"彡"来表示。

彤，用红色涂饰器物为彤。

金文彤(），会意字，丹（）表示红色，彡（）表示涂画的花纹。

彰，错综驳杂的花纹或色彩。

古陶彰（），形声字，彡（）表示花纹，为形符，章（）为声符。彰，引申为明显，如：欲盖弥彰。

彭，本为鼓声，象声字，现多借为姓氏或地名，故另增"口"造象声字嘭，彭、嘭遂分成两字。

甲骨文彭（），会意字，""为鼓，""为击鼓发出的"嘭嘭"声响。

（详见392页）

小篆影(影)，形声字，以"彡"为形符，表示影象或阴影，景(景)为声符。

彪，本义为虎身上的花纹，因虎的花纹漂亮，引申为文采鲜明。

金文彪(彪)，会意字，由虎(虎)和表示花纹的符号"彡"构成，会意虎身上漂亮的花纹为"彪"。

2. 分开——八部

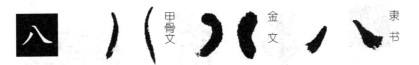

甲骨文八( )( )，会意字，以两竖相背，会意分开的意思。在卜辞中借为数字八，在造字中表示分离、分别、分开之意。

甲骨文分(⺉八)，会意字。用刀分开，中间为刀(⺉)，"八"表示物被分开。

金文半(㭟)，会意字，由牛(㞢)和分离符号())(构成，会意将牛分为两半。

甲骨文公()口|)，会意字，由"八"、"口"构成，"口"表示一器物，八表示平分器物中的东西，会意为公。

柬，选择、挑选。

金文柬(東)，会意字。由束(束)和八)(构成，束，像一束木(木)，"八"在束之中为分别符号，会意从束中挑选为柬。

胤，子孙相承续为胤。

金文胤(),会意字,由幺()、肉()、八()构成。""表示连续不断,""表示血肉,""表示分。三形会意,表示血脉像丝相连一样,不断分化、繁衍。

3. 进入——入部

甲骨文入( ),像箭头一类锐器之形,顶端尖锐之物可以钻入其它物内,会意为入。楷书入与人字形相近,但甲骨文中,入( )与人( )大不相同。

甲骨文内( ),旧写作内,由入( )和构成,表示一物,可以进入此物,会意为自外而入为内。

秦.刻石

小篆 是秦朝盛行的文字。公元前221年,秦始皇统一六国后,实行车同轨、书同文的政策,书同文即将战国时期各诸候割据造成的文字异形统一为秦篆,由丞相李斯等整理创写,史称小篆。现在存世的小篆书法,其载体多为石刻或刻在量器上,如:泰山刻石、峄山刻石等。

图为秦朝峄山刻石(局部),相传为李斯所书。

第二编 造字五法

　　社会生产和社会生活需要文字以记录，文字也是在社会生产和社会生活的过程之中诞生的，并伴随着社会文明的发展而逐步丰富和完善。汉字经历了从无到有、从图到字、从少到多、从具象到抽象、从随意到规范的漫长的发展过程。

　　造字法也是先民在实践中逐渐摸索、不断创造、经过历史的洗礼被社会所认可的。这些造字法就是世传的象形、指事、会意、形声、假借、转注，世称"六书"。实际上"转注"不产生新字，真正产生新字的是前五种造字法。

　　是先有字，还是先有法？自然是先有字，而后有法。"法"只是后人通过解读数千数万汉字的本源而发现的规律，总结出来为五法。试想在没有"法"之前，由不同地域的不同人共同创造的这一奇迹，很难用五法将这数千数万个汉字都纳入其中。还有极少数汉字是游离于五法之外的，且称为特殊造字法，附在五种造字法之后。

一 象形造字法

象形字。汉字的起源是象形，所有汉字都源于物形，这就是汉字的根。在没有文字之前就有了物，有了物先民们便赋予其名，有名便有了音。文字的创作便是根据不同的物，用简笔刻画其形，这种简笔画便是文字的始祖。最原始的文字是画还是字，几乎难以说清，所以说书画同源。物，本就有其名有其音，根据此物造的字也便有了读音，这便是象形字，如：牛、羊、马、人、车、山、水、火等字。象形字的特点是见字如物，观其形，读其音，明其义。象形造字法的缺点是明显的，一是不可能所有的字都有其相应的物形；二是很多相类似的事物用寥寥几笔很难表达清楚，若表达不清楚，字与字之间就极易混淆，如果描写得清楚，笔画必然要很繁杂，那样便不适用。所以，有些字本为象形字，到后来也被形声字所替代。在常用的三四千个汉字中，可象形的字不过二百个左右。

甲骨文（一）

甲骨文(一)，以牛的整体象形表示牛，甲骨文为竖式排列，所以把字形也刻成竖式，牛写作""。牛头部的牛角是其主要特征。

甲骨文（二）

甲骨文(二)，以牛头代表牛，牛角是牛的主要特征，而牛头已将牛的主要特征表达清楚，上为双角，下为简化的牛头，所以可以省去牛的其它部位。

图形文字

这是鼎上牛的图形文字,牛头的形象更逼真,但过于繁杂,书写困难。

金文

金文牛,仍以牛头为牛的象形,金文是浇铸而成,笔划可以写得肥一些,牛头的形象更完美。

小篆

小篆牛,虽然保留了牛的双角,但表示头骨和牛耳的线拉长,已逐渐失去了牛头的象形。

隶书

隶书牛,则把牛角简化成一角,不该拉长的牛耳线拉长了,牛角、牛耳、牛头骨的比例已丧失。

豕,就是猪,是从古到今最常见的一种动物。豕,有家养和野生两类。现多用形声字"猪"来表示,"豕"字只在书面文字上可见。

甲骨文

甲骨文豕,是整体象形的豕的侧视简笔画。竖写应为"丂"。可见猪头、猪身、猪尾。甲骨文中,豕(丂)与犬(丯)有些相似,主要区别是,豕为垂尾,犬为卷尾。

金文（一）

豕有两种写法，一是面状写法，一是线状写法。金文（一）是面状写法的豕，似豕的剪影，形象逼真，但难以书写。

金文（二）

金文（二）为线状写法，用单线表示基本形象，不用复线，猪腹简化为单线，造型不如""，但汉字已逐渐走向线条化。

小　篆

小篆豕，将豕的下颌、双腿变化为等距离三撇，已逐渐失去象形的韵味。

隶　书

隶书豕，在小篆的基础上进一步抽象化，为了字形美将豕的垂尾写成翘尾。

馬（马）

甲骨文

甲骨文馬（马），为整体象形，马头、马鬃、马身、马腿、马尾具全。横写应为"　"。马与其它动物的区别，马鬃是一大特征。

金文（一）馬（马），马身变为单线，两马腿之间距离缩短，马尾分叉，以表示马尾较豕(猪)尾、犬(狗)尾要大要长。

金文（一）

金文(二)

金文(二)馬(马),已逐渐向整齐的线条演化,马头与马鬃连在一起,马腿与马尾靠近取齐。

小　篆

小篆馬(马)比金文馬(马)的线条更规整,线条结构更匀称,象形逐渐淡化。

馬
隶　书

隶书馬(马),勉强能看出马头和马鬃,马腿和马尾变成了四点。

虎

甲骨文（一）

甲骨文(一)虎,横写应为"",整体象形,有圆形虎头、大口、花纹虎皮、卷尾、锐利的爪。

甲骨文（二）

甲骨文(二)虎,已逐渐向线条化演变,突出了虎头部的大口,虎身仍为双线加条纹。

金　文

金文虎,仍为整体象形,但已彻底线条化,突出虎头和大口,虎头写作"",突出利爪,写作""。

石鼓文

石鼓文虎，虎形已渐渐丧失，但虎头、虎身、虎尾仍可分辨。

小　篆

小篆虎，虎形已大大讹变，虎头已演变为"🐅"，虎身和虎尾已讹变成似人的"几"形。

虎
隶　书

隶书虎已完全丧失象形，从甲骨文至隶书，虎头的演变次序为"🐅"、"🐅"、"🐅"、"🐅"、"𠂉"，虎身和虎尾的演变次序为"𧘇"、"𠃌"、"几"、"几"、"几"。

象

甲骨文

甲骨文象，横写应为"🐘"，为象的侧面之形。象的主要特征是象鼻，所以象字突出了象的头部长鼻与大耳。其身和尾部在实际上虽与其它动物差异很大，但字形却类似。

金文(一)

金文(一)象，完全是象的剪影，造型准确、形象生动，当年这位书手应是一位画工，他基本用写实的手法把象画出来。

金文(二)象，则脱离了双线轮廓，而简化为单线，生动的象形逐渐向抽象过渡，带耳的头部仍突出象鼻，写作" "。象身和象尾同其它动物写法相似以便统一、规范，写作" "。

小篆象，虽然象鼻犹在，但已分为两笔，象头和象鼻变化为" "，只注重了曲线美，隐晦难辨其原形。

隶书象，承接小篆，变曲线为折线。象形虽依稀可见，但基本上已演化为抽象符号。

甲骨文鳥(鸟)，为鸟的侧面象形。由鸟头、鸟身、鸟爪组成，勾勒出鸟的基本特征。

金文鳥(鸟)，虽也是象形，但其笔划已逐渐向直线、简约方向演化。

小篆鳥(鸟)，仍见鸟头、鸟身、羽毛和鸟爪，但鸟形已变，线条布置趋于匀称。

汉简鳥(鸟)，与小篆大体相同，减少了曲线，线条向横平、竖直、撇捺方向发展。

隶书

隶书鳥(鸟)，除鸟头仍依稀可见，鸟羽、鸟爪已演变成四点。

甲骨文

甲骨文魚(鱼)，象鱼之形，因甲骨不便契刻，所以只用几条直线简约刻画出鱼形和鱼身上的鳞纹。

金文（一）

金文(一)魚(鱼)，形象逼真生动。因在青铜器陶范上雕刻比较方便，所以青铜器上的金文鱼，刻划复杂、细腻，鱼头、鱼鳞、鱼鳍均栩栩如生，宛如一幅图画。

金文（二）

金文(二)魚(鱼)，鱼形逐渐简化，只保持鱼的基本特征，尾鳍讹变为似"火"，字形简化并与图画分离。

小篆

小篆魚(鱼)，将鱼头变形、引长，简化了鱼身上的鳞纹，鱼尾讹变为"火"。

隶书

隶书魚(鱼)，将鱼身及身上的鳞纹简化为"田"字形，将鱼尾彻底讹变为"灬"，鱼形尽失。

汉画像石中的龙

龍(龙)

甲骨文

龍(龙)为先民想象中的神兽,是综合数种动物之形,通过想象不断美化、神化而成其形。甲骨文龙为最远古的龙形,大口,头上有饰物,身如蛇,无足。

金文(一)

金文(一)龍(龙),与甲骨文略同,龙身作单粗线,强调龙头和大口,龙头上有饰物,以显美。

金文(二)

金文(二)龍(龙),龙头、大口已明显变成"肉月"形,喻意为血盆大口,龙身与龙头分离,龙身上出现饰纹。

小 篆

小篆龍(龙),龙头"䇂"和龙身"竜"已彻底分成并列的两部分,字体趋向规整。

隶 书

隶书龍(龙),龙头饰物与大口(月形)也分离,龙头与龙身呈左右结构,龙身也失去自然弯曲的意味。

商代两马驾驭的战车模型

車(车)

甲骨文(一)

甲骨文車(车)，主要有两种写法。甲骨文(一)车(车)，是比较简单的写法，用两个车轮表示车，中间为车轴。

甲骨文(二)

甲骨文(二)車(车)，是比较复杂的車(车)，车轮(两个)、车轴、中间为车舆即车箱、车辕、辕前有车衡、衡上有车轭(两个)，用以套在马颈上。

金文(一)

金文(一)車(车)，与甲骨文车的构成大体相同，车箱与车轮比例更合理，车轮外有轮挡筒。

金文(二)

金文(二)車(车)，是车的横写，在甲骨文、金文中，车字横写、竖写均常见。

金文(三)

金文(三)車(车)，是车的简化形，只留下一个车轮和车轴及轮护挡，用车轮代表车，抓住了车的主要特征，简洁明了。

小　篆

小篆車(车)，承袭金文最简结构，但小篆把车轴和轮档加长，削弱了车轮的特征，仍保持了车轮的圆形。

隶　书

隶书車(车)，秉承小篆结构，但将车轮的圆形演变为"田"形，轮档长度超过了车轮，失去了车轮可滚动的感觉。

壶（壺）

甲骨文

甲骨文壶(壺)，像壶之形，基本由壶盖、壶体、壶底构成。从字形分析，上古时候的壶与现代使用的壶外形没有太大的区别。

金文（一）

金文(一)壶(壺)，与甲骨文大体相同，壶体部分较突出。壶的样式很多，因而壶的写法就很多，但大同小异。

金文（二）

金文(二)壶(壺)，是字形漂亮的壶，线条圆润流畅，造型匀称，富装饰性，但书写较难。

金文（三）

金文(三)壶(壺)，壶盖已变为"士"形，壶耳与壶体连在一起，便于书写。

小　篆

小篆壶(壺)，基本是甲骨文、金文的继承，从上至下分别为壶盖、壶耳、壶身、壶底。

隶书壶(壺)，"士"为壶盖，"⌒"为壶耳，"亞"为壶体，仍有象形字余韵。

隶　书

出土的青铜器方鼎

甲骨文（一）

鼎是商周时期用以煮肉或盛肉的主要饮食器具，有圆鼎、方鼎两种。圆鼎三足两耳，甲骨文(一)为圆鼎，上为鼎腹及双耳，下为鼎足。

甲骨文（二）

甲骨文(二)为方鼎形，方鼎为两耳四足，鼎腹为方形。因系侧面图形，没有透视关系，所以只能看出两足。

金文（一）

金文(一)鼎，是圆鼎，完全用单线白描的手法勾勒出鼎的轮廓，象形、逼真，但不易书写。

金文（二）

金文(二)鼎，又逐渐向线条化、抽象化发展，鼎体简化为贝(贝)形。

小　篆

小篆鼎，已发生较大变异。鼎体变为"目"字，并与鼎足、鼎耳分离。

隶　书

隶书鼎，承袭小篆结构。

栗

甲骨文（一）

栗树，落叶乔木，其果实包有多刺的硬壳，甲骨文(一)栗，象形字，像木（ ）上长有带皮的栗子，皮上有刺。

甲骨文（二）

甲骨文(二)栗，比上一种写法略简化，果实简化成"　"形，仍带有芒刺。

金　文

金文栗与甲骨文构字基本相同，果实的表现方法，随书家而异。因当时文字并没有统一规范，所以灵活性较大，栗子果实可写作"　　　　　　"等形。

小　篆

小篆栗，将三个栗子的果实简化成一个。三个栗为众多，但一个栗足以表示其树的性质，其栗形写为"　"。

隶　书

隶书栗，将果实定形为"西"，因在篆书中"　"与西（　）相近。西（　）为鸟巢形，鸟入巢太阳落西边引申为西，栗字上部之西却是果实象形的变异。

图形文字

图形文字王，像一把锋利的大斧头，中有一孔。斧为刑杀工具，象征王者的权威如斧一样有生杀大权，所以将斧引申为王。

甲骨文（一）

甲骨文(一)王，也是用双线填实的方法刻成，在龟甲和兽骨上刻成一个面极难，所以甲骨文多用单线刻法。

甲骨文（二）

甲骨文(二)王，用简笔线条刻出斧的形象，这是最常见的一种，其下部双线为斧刃，仍有斧的意思。

金文（一）

金文是在陶范上刻字然后铸出，所以金文适宜表现面状，金文(一)斧的象形比甲骨文更逼真。

金文(二)

金文(二)王，虽然已基本上写为三横，但第三横斧刃部分仍明显加粗，其斧的形象犹在。

小 篆

小篆王，斧的形象已演变为三横一竖，上面的二横距离较小。小篆王(王)与小篆玉(王)极易混，小篆玉是把三个玉片串联起来的象形，为了区别，隶书玉增加了一点，这一点儿实为区别符号，无实际意义。

隶 书

隶书王，斧的形象已丧失殆尽,人们只知其为王,不知其为斧了。

甲骨文

甲骨文夏,像手持大斧"斤"的威猛之士的侧面形象,清晰可见头、人体、双臂及手、足,似为古代中原部族——夏族头领的形象,华夏沿袭为中国人的称呼。

金文(一)

金文(一)夏,已省去大斧,仍可见头、双手、足,是一个人物的形象。

金文(二)

金文(二)夏,经过长时期的历史变迁,书者渐渐不明其最初形象的本义,而只据字形传写,导致人形被肢解,除人头尚全,手和足已变得破碎。

小篆

小篆夏,重新进行了整理,保留了头及简略人形"身"、双手"ヒ彡"、足"夂"。

隶书(一)夏,承袭小篆的结构,只将头下的简略人体省去,仍保存了头、足和双手。

隶书(二)

隶书(二)夏,则进一步简化,去掉了双手,保存了头和足,成为现代楷书结构。而夏日之夏,本有其专字"",为一人()手指烈日(⊙)的意思,到了小篆也统一演变为夏,夏由人名假借为夏季之夏。

二 会意造字法

会意字。由两个以上不同物形符号组合在一起，叫人去领会其意思的字，简称会意字。比如表达人或物的动作、样式、活动、思维等，这样的字虽不能用简单的象形来表示，但仍有形可依，可选取两个以上有关的象形字或象形符号，有机地组合在一起表达这个意思。如：整齐的概念不能象形，先民们观察到小麦成熟后，麦穗齐刷刷地一片，便选择三个麦穗会意为齐( )；住宿之宿( )，由房屋( )、人( )和席( )三个形符构成，会意屋内有一人躺在席上休息称为宿；涉( )字，由水( )和左、右各一脚" "构成，意即徒步过河为涉。会意字是象形字的发展，它更像一幅有情节的简笔画。不同的象形符号，用不同的形式组合在一起，表达不同的含义。会意造字法的创造空间比象形造字法更大，方法更灵活，所造的字数量更多，应用更广泛。

農(农)

農(农)，在田里劳作为农。農(农)的意符有：

① " 田 " 田；

② " " 草或 " " 林；

③ " " 生产工具蚌镰；

④ " " 单手或 " " 双手。

甲骨文(一)

甲骨文(一)農(农)，由草( )和蚌镰( )构成，会意用蚌镰除草即是农事。

甲骨文(二)農(农)，双手持蚌镰，省略了草，蚌镰即为除草工具，也会意为用蚌镰除草为农事。

金文(一)農(农)，增田(田)，意即田里有草()，一手持蚌镰，锄草为农事，表意更为清楚。

金文(二)農(农)，将草(艹)演变为林(林)，在此林与草其义相同。

金文(三)農(农)，蚌镰下本有一手，蚌镰上又加双手是一种繁化，也是变异的一种，会意符号反复增加。

金文(四)農(农)，又从繁杂到简化，去掉可要可不要的会意符号，只留下最简单最必要的部分，即田(田)和蚌镰(辰)，会意为农事。

小篆農(农)，基本取金文(三)的结字方式，去掉多余一手，""为田的变异。

隶书(一)農(农)和楷书農(农)采取金文(四)的结字，只留田()和蚌镰(辰)，"曲"是田的变异。

隶书(二)是用"林"代表"田"，也是有古文字的依据。

祈，求神降福为祈。祈的意符有：

① "" 单，古代一种兵器，与"干"同；

② "" 斤，古代一种兵器，为曲柄斧；

③ "" 旗。

甲骨文祈，由单(单)和斤(斤)构成，"斤"和"单"均为古代兵器，斤为曲柄斧；单为"干"，一种两杈的兵器。在古代开战前都要手持兵器祈神保佑战事获胜。

金文祈，增加一旗(旗)，旗下有单(单)和斤(斤)，会意在旗下手持兵器，祈求神灵保佑战事获胜。

小篆祈，由表示祭祀的"示"和古代兵器"斤"构成。会意手持兵器祈求于神灵牌位前。

隶书祈，沿续小篆的结构，没有变化。

飲(饮)

飲(饮)，饮酒，其意符有：

① "㐆" 人，飮(饮)酒之人；
② "吕" 向下之口，为口的倒写；
③ "㐄" 倒写之舌，正写应为 "㐅"；
④ "酉" 酒尊，表示酒。

甲骨文

甲骨文飮(饮)，是一幅完整的饮酒细节的图画，由张着大口、伸长舌头的人(㐆)和酒尊(酉)构成。"㐆" 为人体，"吕" 为口的倒形，"㐄" 为口和口中之舌，正过来应为 "㐅"，即舌字。会意一人低头张口伸舌去饮酒。

甲骨文(二)

甲骨文(二)飮(饮)为(㐆)的简化形。张大口的人省去了人身，倒口演化成 "∧" 形，向着酒尊 "酉"，会意为饮。

金文(一)

金文(一)飮(饮)，人(㐆)和伸向酒尊的口(∧)分离，人仍写作张口状，口内有酒，倒口仍朝向酒尊。

金文(二)

金文(二)飮(饮)，是 "㐆" 的简化，只保留饮酒的倒口(∧)和酒尊(酉)，倒口演变为 "今" 字，由意符兼做声符。

小篆

小篆飮(饮)，其构字与金文(一)相近，张口之人讹变较大，写作 "㐆"，已不见张口的形态。

隶书(一)

隶书(一)是直接从小篆演变而来，保留了张大口的人 "㐆"，饮酒人之口 "今" 和酒尊 "酉"。

隶书(二)

隶书(二)采取了另外一种会意方式，酒属于饮食范围，故将酒置换为食，张大口之人 "㐆" 向着 "食"，会意为饮。

福，古人以酒象征生活幸福，神位前置酒为一种祈求神降福的祭礼。福的意符有：

① "∧" 房屋或庙宇；
② "畐" 畐，一种盛酒的器具，长颈大肚，一侧有口；
③ "𠂇𠂊" 双手；
④ "丁" 供台，象征神主神位；
⑤ "小" 酒滴或供品。

甲骨文(一)

甲骨文(一)为较繁杂的构字，由 "∧"、"畐"、"𠂇𠂊"、"丁" 构成，会意在庙宇 "∧" 内双手(𠂇𠂊)捧畐(畐)于供台 "丁" 前，祈求神主降福。

甲骨文(二)

甲骨文(二)，省去双手和庙宇，置放盛酒器畐(畐)于供台(丁)前，会意祈福。供台(示)上和左右小点为酒滴或供品。

甲骨文(三)

甲骨文(三)这是福字的另一种构字法，双手(𠂇𠂊)捧酒器畐(畐)会意为向神主祈福。不论哪种组字形式，福字的主要意符是 "畐"，即酒器 "畐"。"畐" 的刻写形式几乎随书写者而异，变化很多，如："畐 畐 畐 畐 畐" 等，在古时文字还没有规范，增一笔减一笔是正常的，只要基本刻画出其物的外形特征，能被人理解便可，这也是象形字具有的随意性。

金文(一)

金文(一)福的结构形式与甲骨文大体相同。由房屋或庙宇"冖"、酒器(畐)和供台(示)构成。会意在室内设供台，在供台上置酒以祈福。

金文(二)

金文(二)，省去了房屋，只有供台(示)和畐(畐)，会意在供台前摆置酒以祈神主降福。这种结体被小篆所继承并经隶书、楷书固定下来。

小 篆

篆书福，由"示"和"畐"构成，畐本为酒器，被分解成三部分，已失去了酒具的象形。

隶 书

隶书福，与小篆结字相同，仍由供桌"示"和酒具"畐"构成，字形向扁平发展。

璞，未经雕琢含玉的矿石为璞。璞的意符有：

① "⺳" 石山，上为石，下为被挖空的山体；

② "王" 玉；

③ "田" 盛玉石的簸箕或筐；

④ "乎" 采石的工具；

⑤ "𠂇𠂇" 双手。

甲骨文(一)

甲骨文(一)是一幅完整的采玉示意图，在山洞"⺳"中，双手(𠂇𠂇)持采石工具"乎"采玉(王)，玉下有簸箕或筐(田)，以盛采下的玉石，这种未经加工的玉矿石便叫璞。

甲骨文(二)

甲骨文(二)，山石和山体简化为山崖("厂")，双手("彐")持工具"丫"，击打山石，"〢"为采落的石块。

小篆

小篆璞，看似形声字，"王"为形符，"菐"为声符。从僕(𤔌)的右半部考察，其本原仍为双手"彐"持工具"丫"簸箕"田"变化而来，所以小篆璞(璞)其意符俱全，仍为会意字。

隶书

隶书璞，在小篆的基础上继续变异，双手("彐")连在一起，变成"大"。小篆弄(弄)，隶书可写作"弄"，道理相同。

灋（法）

灋(法)，刑法，法令。灋今写作法，其意符有：

① "氵" 水；
② "廌" 廌，又称獬豸，传说中的神兽，似牛如鹿，头上有角；
③ "去" 去。

金文

金文灋(法)，由水(氵)、去(去)、廌(廌)构成，会意字。水(氵)，意为执法要平之如水，去(去)，意为执法就是要去除社会上不公、不正、罪恶之人和事。廌(廌)，传说中的神兽，能辨是非曲直，见人打斗，即以角抵不正者，闻人争吵，即以口咬不正者。古代法官戴的帽子又称獬豸冠，是正义的象征。整体会意为：法就是像"廌"一样将不正不直之人除"去"，保障公平如"水"。

战国时期的诅楚文,较小篆早,与周朝金文相近,仍由水、廌、去三部分构成,字体结构已基本定位。

诅楚文

小篆(一)灋(法),则在诅楚文的基础上进一步将线条规范,但仍保留着较强的象形色彩。

小篆(一)

小篆(二)灋(法),是小篆(一)的简化写法,省去了繁杂难写的"廌",只留水()、去(),仍可会意为去除不正,保障公平如"水"。

小篆(二)

隶书(一)灋(法),是一种繁杂写法,其字的来源直接承袭金文、小篆的正规写法,保持了法字意符的原貌。

隶书(一)

隶书(二)灋(法),是沿用了小篆的简易写法,并被今日的楷书所承袭。

隶书(二)

传说中的神兽獬豸正以角抵人

三 指事造字法

指事字。还有少数字是由象形字和一个指示符号构成，这个指示符号所指的部位才是这一字的本义，这种字为指事字。如：刀刃之刃（ ），刃是含在刀（ ）中的，只有在刀上点出其具体部位，方能明确此处即刃，刀上这一点便是指事符号。指事字数量很少，它只是象形字的一个分支，少数早期的指事字，后来被形声字所代替，如：（臀）、（肩）均由人（ ）和指事符号"フ"组成，前者指示的位置是臀部，俗称屁股，后者指事的位置是肩。这类指事符号所指事的位置要求十分准确，稍一错位便容易引起误解，所以臀、肩两字最后都由指事字变为形声字或会意字。

甲骨文一（ ），指事字，用刻成"一"指事为一个事物，同理二（ ）、三（ ）、四（ ），也以笔画累加为数目字，分别指事物的数量。金文与甲骨文相同。只有小篆四变"三"为"四"。

甲骨文十（ ），指事字。由"一"的横画变为竖画" "，表示十为一个循环。为了与"一"相区别，金文十（ ），在竖画中间加点，小篆十（ ），变为横竖两画相交。

上

甲骨文上（二），"—"表示一个基准线或地面，短横"-"为指事符号，指示在此线的位置之上则为上，反之为下。

下

甲骨文下（ ），长横"—"表示一个基准线或地面，短横"-"为指事符号，指示出在此线的位置之上则为上，在线下则为下。

中

甲骨文中（ ），为旗形，古时每一个部族都有自己的徽旗，遇有大事，立旗于旷地中央，这叫立"中"。群众望见"中"，便会从四面八方聚集过来，建"中"之地即为中央。" "为旗杆及飘带，" "为先民聚集的意思。后"立中"概念渐淡，"中"字转为指事字，旗杆" "中部加一记号" "，即中间之中。

亦

亦，即"腋"的初字，腋俗称胳肢窝。亦字后世借音为副词，用法同"又"，久之为借意所专用，遂另用形声法造腋字。

甲骨文亦（ ），指事字，像一个正面站立之人" "，两点" "为指事符号，指明"腋"的位置。

末，树木的顶端为末，俗称树梢，树木的根为本。末与本相对，末在上，本在下，所以不能"本末倒置"。

金文末（ ），指事字，木上一短横指明此处即树木的末端。小篆将作为指事符号的横划写的过长，失去了指事的意味。

本，草木的根叫本。根本一词实为根即本，本即根。

金文本（ ），指事字，木下圆点指明此部位即为本。小篆为书写便利将圆点写成木下一短横，亦指示本的位置在木下部。

朱，树干为朱，本为"株"的初始字。

甲骨文朱（ ），指事字，木的中部一点指明木的这一位置叫朱。朱字构形与本、末二字相近，以点指示木的底部叫本（即根），指示木的顶部叫末（即梢），指示木的中部叫朱（即干），干以株记数，表示红色的朱是借音字。

肱

肱,胳膊,即上臂。

甲骨文肱(𢎁),指事字,在臂肘上加指事符号(⊂),以表示此处所指即肱。"𢎁"为臂形,臂上为手。小篆肱(𠬢)将指事符号变成(厶),脱离了手臂,并加一形符肉(月),表示肱是肢体的一部分。

曰

曰,说话。

甲骨文曰(ㄖ),指事字。在口(ㅂ)上加一指事符号"–"或"乚",表示语言自口中而出为曰。

亡

亡,即锋芒之芒的本字。

甲骨文亡(丩),指事字,由刀(丿)和指事符号"丨"构成,指事符号指明刀的此部位即"芒"。后"亡"被借用逃亡、死亡之"亡",遂另加"艹"造芒字。

四 形声造字法

形声字。汉字按着事物的品类可以分成若干类，如表示树木类的字，表示草类的字，表示犬类的字，表示房舍类的字，各类字中都有数十种，甚至数百种不同名称的物，这些物种虽然有形可依，但很难用象形或会意加以区分。树木类，如：柳、杨、槐、柏、柿、桔、柚等，在现实生活中人们一眼便可以分辨出来，然而用几根线条把其形表现出来，使人一目了然却不可能；即便力争象形也极易混淆。又如：狗、狼、狐、狸等，先民们用象形法造出了狗(即犬)，若再用象形法把犬一类的动物都表现出来，是件费力不讨好的事。在这种情况下，先民们用最简便、最有效的方法来造这一类的字，即同一类的物用一个象形字作类符即形符，具体到不同的物种使用一个声符来加以区分，这便是形声字。形声字与会意字的区别在于：通常这个声符所表示的意思与形符毫不相干，如果这一声符与形符两者都可表示这个字的含义，这便是会意兼形声字。形符，可表示事物的类别，所以又称为类符，可表示某种意义，可视为意符。每一个物只有一个声符，不同的形符加一个不同的声符，就可以造出数不尽的字。有些字，如：蛛、鸡、铸……本来是象形字或会意字，由于不如形声字明了、表达概念清楚，后来也用形声字取代了。声符或称音符，是采用同音或近音字。大部分字都可以做声符，但常做声符的字约540个左右，不能单独成字而只能作声符的只有极少数。做声符的字，可以是完整的字，也可以是某字的省写，即省略了该字的一部分，只取该字的另一部分做声符。做声符字的读音，有时与现代汉语读音出入较大，这是多方面原因造成的，一是几千年的历史演变，古音与今音不同。二是地方语与现在的普通话读音不同，焉知该字造字之初不是根据地方音造出的？俗话说"十里不同音"，何况历史经过了几千年的演变，改朝换代时合时分，其读音的差异可想而知。有些字，有两个以上的读音，这是正常的。所以在看待汉字中的声符时，不要刻板地一律按现代汉语读音或某一个字的读音去衡量。如：工人之工，在做声符时多读为(gāng)，如：江(江阴地方口音)、缸、肛、扛、杠等。

部分声符一览表

声符	甲骨(金)文	声符读音	形声字举例
甫	(甲)	fǔ	捕、脯、辅、哺、莆、浦、圃、铺
雚	(甲)	guān	灌、鹳、罐、觀(观)、颧、獾、歡(欢)
方	(甲)	fāng	芳、纺、坊、妨、访、放、仿
巠	(金)	jīng	經(经)、頸(颈)、涇(泾)、莖(茎)、勁(劲)
尞	(甲)	liǎo	遼(辽)、撩、僚、缭、燎、瞭、镣、獠、潦、療(疗)
弗	(甲)	fú	佛、怫、拂、氟、绋、狒、费、沸
屯	(甲)	tún	囤、吨、盹、钝、顿、炖、沌、饨
比	(甲)	bǐ	毕、秕、庇、妣、批、枇、砒、纰、琵
帝	(甲)	dì	蒂、缔、谛、碲、啼、蹄
平	(金)	píng	砰、评、坪、苹、枰、呯
曼	(甲)	màn	鳗、慢、漫、蔓、幔、馒、谩、嫚
盧(卢)	(甲)	lú	爐(炉)、蘆(芦)、廬(庐)、顱(颅)、轤(轳)、瀘(泸)、鱸(鲈)、臚(胪)、驢(驴)

声符	甲骨(金)文	声符读音	形声字举例
堇	(甲)	jǐn	僅(仅)、谨、瑾、勤、槿、觐、馑
蓳		hàn	嘆、漢(汉)、難(难)、嘆(叹)
非	(甲)	fēi	菲、啡、蜚、匪、斐、扉、绯、诽、翡、霏
甬	(金)	yǒng	涌、踊、勇、俑、蛹
		tǒng	桶、通、痛、捅
韋(韦)	(甲)	wěi	偉(伟)、圍(围)、緯(纬)、葦(苇)、瑋(玮)、違(违)、幃(帏)、韙(韪)
者	(金)	zhǔ	诸、煮、猪、渚、褚、著、薯、鳍
昜	(甲)	yáng	陽(阳)、楊(杨)、揚(扬)、瘍(疡)、煬(炀)、颺(飏)、湯(汤)
乍	(甲)	zhà	咋、炸、诈、柞、砟、蚱、作、昨
俞	(金)	yú	愈、谕、渝、榆、喻、愉、瑜、逾
番	(古文)	fān	翻、蕃、幡、燔、潘、蟠
叚	(金)	jiǎ	假、瑕、霞、暇、遐、葭
畐	(甲)	fú	福、副、富、幅、辐、蝠、匐
孚	(甲)	fú	浮、孵、蜉、俘、稃
舜	(金)	lín	磷、鳞、麟、嶙、粼、遴、辚

声符	甲骨(金)文	声符读音	形声字举例
亥	(甲)	hài	咳、核、劾、该、垓、赅、骸、孩、胲、骇
匋	(金)	táo	陶、淘、掏、萄、啕
录	(甲)	lù	禄、渌、逯、绿、碌
爰	(甲)	yuán	援、媛、瑗、湲、蝯、褑
冓	(甲)	gòu	媾、篝、遘、溝(沟)、構(构)、購(购)
申	(甲)	shēn	审、神、砷、伸、绅、呻、珅
𢦏	(甲)	zāi	裁、载、栽、栽、哉
它	(金)	tuō	沱、坨、柁、砣、跎、鸵、驼、陀
戔(戋)	(甲)	zhàn	盞(盏)、棧(栈)、淺(浅)、餞(饯)、錢(钱)、箋(笺)、賤(贱)、踐(践)
谷	(甲)	yù	浴、裕、峪、欲、鹆
瞏	(金)	huán	還(还)、環(环)、寰、鬟、鹮、澴
𠚕(刍)	(甲)	zhōu	皺(皱)、縐(绉)、謅(诌)、邹(邹)、㤘(㤘)
青	(金)	qīng	清、蜻、情、晴、请、静、鲭、䶮
𤇾	(金)	yíng	瑩(莹)、熒(荧)、螢(萤)、營(营)、縈(萦)、濚(溁)、鶯(莺)

声符	甲骨(金)文	声符读音	形声字举例
齊(齐)	ϒϒϒ (甲)	qí	臍(脐)、薺(荠)、蠐(蛴)
		jì	濟(济)、霽(霁)、劑(剂)、鱭(鲚)、擠(挤)
夋	(金)	jùn	俊、骏、浚、竣、晙、峻
扁	(篆)	biǎn	褊、匾、遍、艑、编、鯾、蝙、煸
兆	(古)	táo	洮、桃、逃
		tiāo	挑、佻、跳、眺
卑	(甲)	bì	裨、婢、箄
		pí	啤、脾、陴、睥
卯	(甲)	mǎo	铆、泖、昴、贸
		liú	留、柳、劉(刘)
呂	吕 (甲)	lǔ	侣、闾、稆、铝
禺	(甲)	yú	遇、寓、愚、嵎、隅、髃
艮	(篆)	gěn	哏、根、跟、很、恨、狠、痕
		yén	垠、银、龈
良	(甲)	liáng	娘、朗、郎、阆、锒、狼、浪、崀、埌

声符(音符)字举例

甲骨文甫(⿳)，会意字，像田(田)中有蔬苗、禾苗"ψ"，为圃的本字。晚期金文甫(⿳)，讹为从"父"从"用"，其形遂不可解。后另用甫(⿳)为声符，加围栏"囗"造形声字"圃"，甫、圃遂分成两字。甫字多做声符，如：捕、脯、辅、哺、莆、浦、圃、铺等。

雚，古指鸱鸮类鸟。

甲骨文雚(𦫔)，象形字，"𦫔"像有角状羽毛、两眼锐利的鸟头，"𦫔"为鸟。因两眼敏锐，所以，卜辞中借用为观看之观。雚，作为字根，在造字中多做声符，如：灌、罐、鹳、觀(观)、歡(欢)、瓘、顴等。

方

甲骨文方(方），像古代农具"耒"，短横"一"为脚踏处。徐中舒："古者秉耒而耕，刺土曰推，起土曰方。"所以方与土义通，土与城义通，城与方亦义通。如卫(衛)字中间可写表示城郭的"囗"，也可写"方"，便是一例。方与作为旗符的"方"，概念不同，此处之方在造字中常作为声符，如：芳、纺、坊、妨、访、放、仿等。

巠

金文巠(巠)，象形字，像织布机上的纵线，即今"经"字的本字。"巛"表示纵线，即经线。经线下之"工"，为整理经线的工具，这个工具叫"互"。巠在造字中常做声符，如：經(经)、勁(劲)、莖(茎)、涇(泾)、頸(颈)等。

尞

甲骨文尞(尞)，会意字。像木(木)在火(火)上燃烧，字中间小点，即燃烧出的火星。尞，即"燎"的本字，在造字中多做声符，如：遼(辽)、撩、僚、缭、燎、瞭(了)、镣、獠、潦、療(疗)等。

弗

金文弗(弗)，会意字，像以绳索缚绑不直之物，其意为矫正。"乙"为绳索状，"‖"为不直之物。后借为否定词，如：自愧弗如。多做声符，如：沸、拂、佛、氟、绋、狒、费等。

屯

甲骨文屯( )，象形字，像子芽" "破土"一"而出，金文将子芽填实，子芽下之土，变成两片叶，其义不变。屯在造字中常作为声符，如：囤、饨、吨、盹、沌、顿、炖、钝等。

比

比，并列，排列为比，如：比肩继踵。

甲骨文比( )，像两人并列之形，为会意字。比在造字中，常作为声符。如：毕、秕、妣、庇、批、砒、纰、琵、枇等。

帝

甲骨文帝( )，象形字，像束木条或扎草人，用以焚烧以祭天。"一"为束扎的符号。后因祭天而引申为天帝、商王及历代皇帝的称号。"帝"在造字中常做声符，如：蒂、缔、谛、碲、啼、蹄等。

平

平，语气平舒。

金文平(乎)，会意字，"一"为平的意象，"丫"像发出的声气。平与乎为同类字，乎(呼)写作"丫"，表示语气上扬，上三点为气。而平字则气上有一横，表示语气平舒。平在造字中常作为声符。如：砰、评、坪、苹、枰、呯等。

曼

曼，作引，展开解。

甲骨文曼(㝱)，会意字，像上下两只手"ㄐ"把眼睛"⊡"张开。曼在造字中常做声符，如：慢、漫、幔、蔓、谩、馒、鳗等。

盧(卢)

盧(卢)，炉的初文，本即火炉之炉。

甲骨文盧(卢)(角)，有两种形式，一为像炉形如"角"，有炉身及炉足；一为形声字，炉(角)为形符，虎(乎)为声符。隶书盧，"虎头"为声符，"田"为炉的象形，"皿"为形符，说明炉是一种器皿类。盧(卢)在造字中常作声符。如：蘆(芦)、爐(炉)、廬(庐)、顱(颅)、轤(轳)、瀘(泸)、鱸(鲈)、驢(驴)等。盧现简化作卢。作为简化字的一部分时，有的简化为"户"。

非

非，即飞的本字。

甲骨文非()，象形字，像鸟的两个翅膀，羽毛张开，会意为飞。鸟飞双翅必相背，引申为违背之意。因借用为副词相当于"不"，所以另造飞()，非、飞实为同源字，非在造字中常做声符，如：菲、啡、蜚、匪、斐、扉、绯、诽、翡、霏等。

甬

金文甬()，象形字，像桶之形，上像悬挂桶的挂环，下像桶体，中间横线为木桶箍。甬即桶的初字，甬在做声符时读音不同，一读为tǒng,如：桶、捅、痛、通等；一读为yǒng，如：俑、涌、蛹、踊、勇等。

韋（韦）

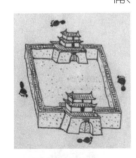

甲骨文韋(韦)( )，会意字，"口"像城池，止( )表示足，会意城池四周很多人，韋(韦)本为保卫之"卫"或包围之"围"的初字。韋(韦)在造字中常做声符。如：違(违)、瑋(玮)、圍(围)、偉(伟)、幃(帏)、葦(苇)、韙(韪)、緯(纬)等。韋现简化为"韦"。

者

金文者(🙾)，会意字，像架木生火，"米"为"火"之变，小点为火星状。"曰"为火上架的器皿，此会意为煮饭，者为煮的初字。者字后借为助词。如：老者、作者。者字在造字中常做声符，读音如"煮"。如：诸、猪、褚、渚、煮、著、薯等。

易

甲骨文易(🙾)，会意字，像太阳"日"在"丁"之上。"彡"为阳光。此即阳的初字，易不单独成字，在造字中常做声符。如：陽(阳)、楊(杨)、揚(扬)、颺(飏)、瘍(疡)、煬(炀)、湯(汤)等。

乍

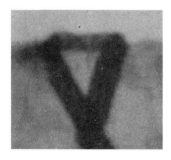

甲骨文乍(🙾)，会意字。"山"像古代服装的衣领，"丰"像缝制衣服的针线纹路，会意为此衣正作。乍即作的本字，引申为刚刚开始。乍字在造字中常作为声符。如：炸、咋、诈、作、柞等。

俞

俞，古代挖空树木作船，即独木舟。

金文俞（ ），会意字，由舟（ ）、挖木工具" "和水" "构成。隶书将舟讹变为月，将水讹变为刀。俞在造字中常作为声符。如：愈、喻、谕、愉、渝、瑜、榆、逾等。

番

番，野兽足掌印迹。

古文番（ ），象形字，像野兽的足掌在地上印出的花纹。小篆加"田"变为形声字。" "为兽足掌印，本为象形，现作为声符，"田"为形符，表示在田里出现的足掌印迹。番，多做声符。如：幡、翻、蕃、潘、蟠等。

叚

金文叚（ ），会意字，像一只手（ ）从屋舍" "之内取物" "，一只手（ ）承接的意思，是假的本字，假就是借。作为字根在造字中多做声符。如：假、葭、遐、霞、瑕、暇等。

畐

甲骨文畐（ ），象形字，像一酒器形，顶部一侧有口，可倒酒，古代以酒代表幸福，畐、福为同一字。畐常做声符，如：福、幅、辐、蝠、匐、副、富等。

孚，俘字的初文。

甲骨文孚（）,会意字，由双手（）和子（）构成，金文孚（），由爪（）和子构成。爪即手，子和人同义，会意以手抓住人为孚，即现在的俘字。孚在造字中常做声符使用，如：稃、孵、浮、俘、蜉等。

金文粦（），读音lin，会意字，由正面之人形即大（）和双足""、汗滴""构成。一般正面站立之人只写作""，加双足则必然为突出足的运动，即足的奔跑。因奔跑而大汗淋漓，所以写作""。小篆将人形""讹变为双火""，隶书将"炎"讹变为"米"，若米下长足，会意之义则含混了。粦在造字中常做声符，如：麟、磷、嶙、鳞、粼、遴、辚等。

甲骨文亥（），像豕（）之形，豕即猪。古代豕、亥为一字，后分化成两字，亥为地支之一，即亥猪。亥在造字中常作为声符，如：咳、骸、孩、胲、骇、氦、核、该等。

四 形声造字法

匋 金文匋(匋)，会意字，像一人(勹)手拿午(木)在制陶器。午(木)即杵，为制陶工具，"凵"为所制的陶器。人及这一制陶的动态，会意为匋，即陶器之陶。匋在造字中常做声符，如：掏、淘、萄、啕、陶等。

录 甲骨文录(录)，为渌的初文，会意字。由提水的绞杠"丅"、吊水袋"ㅇ"和水"ⁿ"构成，意即吊袋(或水桶)自水下吊起时，水从袋中溢出，水袋是湿渌渌。渌现写作渌。录在造字中常作为声符，如：渌、禄、逯、绿、碌等。

爰 爰，为援助之援的初文。

甲骨文爰(爰)，会意字。字形为上下两手(爫)中间一物"／"，其物像一木杆，会意一人手递木杆予第二人，第二人手抓住杆被救援。金文爰(爰)字形中部讹变。爰在造字中常作为声符。如：援、媛、瑗、湲、蝯、褑等。

冓

冓与遘同，相遇为冓。

甲骨文冓( )，会意字。以两鱼( )相遇会意为冓。冓字为上下结构，皆为鱼( )的简形。" "也写作" "，增示动形符 走( )，则相遇之义更加明显。冓常做声符使用，如：媾、篝、遘、溝(沟)、構(构)、購(购)等。

申

甲骨文申( )，象形字，像天空中电闪的形状。由一根主线向另方向引申。申为"电"的本字，后因申作为地支之一，故另用会意兼形声法造电( )，加雨( )为天空降雨之意，雨中带有电闪。申和电遂分成两个不同含义的字。申在造字中常做声符使用，如：伸、呻、砷、绅、神、珅等。

烖

烖，灾害，可特指兵灾，也可与火灾之灾( )，水灾之灾( )通用。

甲骨文戈（图），会意字，由戈（图）和表示头发的"图"构成，会意以戈斩杀人头为兵灾。戈在甲骨文和金文中，大体有两种结构，一是会意字，由表示被害者的头发或头，与兵器"戈"构成，会意以戈伤人。二是形声字，以戈（图）为形符，才（图）为声符。在造字中，戈常作为声符，如：哉、栽、裁、载等。

它，即蛇的本字。

甲骨文（一）它（图），像蛇的单线刻划法，甲骨文（二）它（图）是蛇的双线刻划法，至金文它（图）简化并变异，小篆它（图），仍保持了蛇头的基本特征，至隶书，蛇头与蛇身分离，已丧失蛇形。它被假借为代词，称人以外的事物。它在做声符时，多读为tuó，如：沱、坨、柁、砣、跎、鸵、驼、陀等。

戔(戈)，古代殷、周时期盛行的一种兵器。

甲骨文戔(戈)（图），会意字，像两戈相击，会意为战争。戔即战的初字。戔没有发展成独立字，在造字中常做声符，如：盞（盏）、棧（栈）、淺（浅）、餞（饯）、錢（钱）、箋（笺）、賤（贱）、踐（践）等。

谷，两山之间狭长而有出口的地带。

甲骨文谷(谷)，会意字，像水(八)自谷口流出，"日"、"V"即为谷口的简形。谷在做声符时，读yù，如：浴、裕、峪、欲、鸽等。

睘即環(环)的初文，本像人身上佩有玉环。

金文睘(睘)，会意字。由衣(衣)、玉環(环)"O"和目(目)构成，目，表示头，在衣服之上。会意衣服当胸处有一玉環。睘在造字中常作为声符，读huán，如：還(还)、環(环)、寰、鬟、鹮、澴等。

芻(刍)

芻(刍)，喂牲口的草为芻(刍)。

甲骨文芻(刍)，会意字，像手握两束草，会意手中草即喂牲口的草，即为芻(刍)。芻在造字中常作为声符，读音zhōu，如：皺(皱)、縐(绉)、謅(诌)、鄒(邹)、㑳(㑇)等。

金文青()，形声字，青与丹为同类，是两种常用的颜色，所以青以丹(日)为形符，以生(生)为声符。青在造字中常作为声符，如：清、蜻、情、晴、请、静、鲭、䳄等。

熒(荧)，灯光或烛光为熒(荧)，引申为光亮闪烁的样子。

金文熒(荧)，会意字，像两支灯光"✕"，照耀一屋"□"。小篆熒(荧)，再增火(火)为形符，"⺣"为声符，变为形声字。"⺣"本即"✕"，"⺣"在造字中常做声符，如：瑩(莹)、螢(萤)、營(营)、縈(萦)、滎(荥)、鶯(莺)、鎣(鎣)等。从字形上看，这类字声符占了主导位置，"冖"中才是形符。

甲骨文齊(齐)，会意字。什么事物给人以整齐的印象？麦穗成熟后，齐刷刷一片，故先民以三株麦穗会意为齊(齐)。"Y"是一株麦穗，三株可并排也可上下排列。金文逐渐在麦穗下加"一"表示土地。齊(齐)在造字中常做声符，读为jì，如：濟(济)、霽(霁)、劑(剂)、鱭(鲚)、擠(挤)等；读为qí，如：臍(脐)、荠(荠)、蛴(蛴)等。

甲骨文以麦穗会意为齐

夋

甲骨文 金文 小篆

甲骨文夋(🀀)，像人形，演变为金文夋(🀀)，人体下部增止(🀀)，止即脚。小篆夋(🀀)，"🀀"变为"🀀"，甲骨文夋与允相同，夋是由允演变而来。夋在造字中常作为声符，读音为jùn，如：俊、骏、浚、竣、唆、峻等。

扁

小篆 隶书

扁，古代记录门户的文书，即今日之户籍簿。

小篆扁()，会意字，由户(🀀)和册(🀀)构成，户即门户，指一个家庭。各户登记造册即为扁。扁在造字中常作为声符，如：褊、匾、遍、艑、编、鳊、蝙、煸等。

兆

古文 小篆 隶书

兆，龟甲上的裂纹。古人用火烧龟甲，看龟甲上出现裂纹的形态以占卜凶吉。

古文兆（𣥂），象形字，像龟甲上的裂纹，小篆兆（𣥂），"𣥂"旁增"卜"，说明"兆"用以占卜，兆在造字中常作为声符，读为táo，如：洮、桃、逃等；或读tiáo，如：挑、佻、跳、眺等。

卑，身份低下的人，引申为微小、低劣。

甲骨文卑（𤰞），会意字，像一手（ヨ）握一物"甲"的样子，一说此物为扇，古时多有奴仆持扇为主人扇凉，此等人称为奴婢。卑在造字中常作为声符，读音bì，如：裨、婢、箄等；或读作pí，如：啤、脾、陴、睥等。

甲骨文卯（𠂎），像一物被剖开成两半，古文中卯与刘同义，刘为杀，卯亦与杀同义，其义与其形正符。卯在做声符时，读mǎo，如：铆、泖、昴、贸等；又读音liú，如：留、柳、劉(刘)等。

甲骨文吕（吕），象形字，像两块脊椎骨，金文吕（呂），两口之间可有连线，意为脊椎连在一起，吕在造字时常做声符，如：侣、闾、稆、铝等。

禺

金文禺()，会意字，像以手" "捕蛇" "。禺、禹本为一字，禺是由禹( )演变而来。其蛇形由 、 、 演变为 。禺在造字中常作为声符，如：遇、寓、愚、嵎、隅、髃等。

艮

艮，本意为"限"的意思，因限而不能进，又有"止"的意思。艮为八卦之一，卦形为" "，在卦中为山，因山而限，仍与原义相通。艮现多借用于方言，形容食物坚硬而不脆为艮。

小篆艮( )，像一个扭头的人形，" "为人头，" "为人体，艮由限( )分离出来。艮在造字中，多作为声符，读为gěn，如：哏、根、跟、很、恨、狠、痕等；或读yén，如：垠、银、龈等。

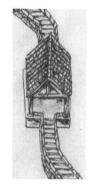

良

良，当为廊之本字。

甲骨文良()，象形字，"口"像居所，" "两侧有走廊之形。"良"，多作为声符，如：娘、朗、郎、阆、银、狼、浪、崀、埌等。

五 假借造字法

假借字。汉语中有不少抽象的概念，是看不见、摸不着的，这类字是无形可象的，即不能象形，也不能会意，只能借用已造出来的字来替代，借其音或借其义这便是假借字，假就是借。假借字的本义大多已经消亡，而为假借义所替代。如：而，本义为胡须( )，借为连词，表示顺承或转折关系；风，不便象形，便借凤( )为风，借其音；冬天之冬，借终( )为冬，"终"本是表示丝到了尽头，借其义，表示一年将尽时的冬季。假借是产生表示抽象概念新字的法宝，而其被借字，由于原义已经被淡忘，所以有些假借字已不知其为何物何形了，但有一点是明确的，所有的字最初都是有形可依的，绝没有凭空造出来的。

部分假借字一览表

今字(假借字)	图形	原字(被借字)	原 义
甲		(铠甲)	甲骨文甲( )，象形字，像铠甲的甲片，古代的铠甲是用革片缝制而成。金文可写作" "，借为天干第一位，引申为第一位。
乙		(流水)	甲骨文乙( )，像流水形，本义为流，借为天干第二位。
丙		(器皿足)	甲骨文丙( )，像鼎( )或商( )的底座。鼎、商均为古代食器，丙借为天干第三位。

今字(假借字)	图形	原字(被借字)	原 义
丁		▢ (人头)	丁，顶的初文，人的头顶为丁。甲骨文丁(▢)，象形字。像人之头，甲骨文因契刻不便，把圆形多刻成方形，如子(子)之头。金文丁(●)，写作圆形并填实，以头代人，丁即人，如人丁兴旺。自从有了金属钉，丁便向钉形演变，所以像钉之丁(↑)乃是后起象形字。丁被借为天干第四位，遂又用形声法再造"顶"字。
千		千 (人)	甲骨文千(千)，以人(人)代表千，借人为千，如同以"蝎"代表万。在人下加数字成为合书，如：一千、二千、三千、四千、五千，可写作千、千、千、千、千。
万		萬 (蝎)	甲骨文萬(萬)，象形字，像蝎的样子，上为两个钳爪，下为尾钩。小篆和隶书逐渐将蝎钳状爪(爫)讹变成草(艸)，使蝎失去了象形。萬今借为数量词，表示数目极多。
五		区 (杵)	甲骨文五(区)，由午(8)的形与音演变而来，假借为数字五。午即杵，金文写作"𠂇"，象杵之形，为一种工具。
六		介 (庐)	甲骨文六(介)，像简陋的房屋，有屋顶和墙壁，为庐的本字，借音为数字六。

五 假借造字法

今字 (假借字)	图形	原字 (被借字)	原 义
七		(切)	甲骨文七(一)，由切的形与音演变而来。七像一长横中间被切断，本意为切，借音为数目字后，遂加形符"刀"造切字。又为了与十(十)相区别，"七"竖下作弯曲状。
八		(别)	甲骨文八，是"别"的意思，"八"像左右分别的样子，如分就是由刀和八构成。借音为数目字八，大写作"捌"。
九		(钩)	甲骨文九，像"钩"形，钩上加指示符号，意即此处为手握钩处。由"钩"的形与音演变为数字九。
東(东)		(囊袋)	甲骨文東(东)，象形字，像一个口袋两端用绳扎住的形状。后借为方位词东。
西		(鸟巢)	甲骨文西，象形字，像鸟巢之形。日落西方，鸟归巢而栖，故借义为方位词西。
南		(乐器)	南为古代一种瓦制乐器，似鐘，卜辞中有"𩰯"字，像以手拿锤击"南"。借音为方位词"南"。
北		(背)	甲骨文北，像两人相背的样子，会意为背离之"背"，借声为北，作方位词。

今字 (假借字)	图形	原字 (被借字)	原 义
或		可 (國)	或，为國(国)的本字。甲骨文或(可)，由戈(十)、城池(口)或(口口)构成，意即以戈护卫的城池为国。后借为副词。如：或者、或许等，遂另加"口"造"国"字，或、国分离。
何		𠂇 (荷)	像人(𠂇)肩扛着戈(𠂉)即荷戈的荷字，后借声为何，做疑问代词，如：何人？或表示反问，如：何足挂齿。
必		必 (柲)	必是柲的本字，柲即戈柄。必(必)是戈(十)去掉了戈头呈"𠂉"，"丿丨"为指事符号，标明此部分为柲。后必字借音为必须之必，遂另加形符"木"，造柲字，表明戈柄为木质。
然		然 (燃)	然为燃的初文，用火(八)烧犬(犭)肉(月)，即燃烧的燃。借音作副词或形容词后缀，如：忽然、欣然等，然被借用后，再加形符"火"造燃字。
叔		叔 (收芋)	金文叔(叔)，会意字，汝南把收芋叫叔，叔本为拾取意。叔字字形为手(又)持弋(弋)以掘芋，"弋"为木橛，"小"表示芋。叔被借音为叔伯之叔。
兄		兄 (兇)	"兇"，人头上着火为兇(凶)，"兄"为凶的简化，借凶音为兄，兄、兇、光是同源字。
弟		弟 (缯绳)	甲骨文弟(弟)，像带绳的箭(弓)。带绳箭称"矰"，为了顺利发射，在缠箭绳时一定要严格按次序缠，所以引申为次第之第。兄弟之弟无形可象，便借第为兄弟之弟。

今字 (假借字)	图形	原字 (被借字)	原 义
于		亐 (舒气)	甲骨文于(亐)，像语气舒展的样子。与乎(乎)、平(乎)同属一类字形。借音作为介词或动词、形容词后缀。
兹		88 (絲)	甲骨文兹(88)，本为两束丝形，借絲为兹。小篆"兹"加草头，做草木茂盛讲。现多借为代词或做现在讲。
曾		曾 (蒸锅)	曾，本义为蒸饭用的炊具，似蒸锅，即甑的初始字。甲骨文曾(曾)，像蒸锅之形，上为从蒸锅上冒出的蒸气。金文下加"曰"为烧水用的釜、锅之类的炊具，后讹作日。现借作副词。
之		㞢 (动词.往)	本为表示脚(止)向前运动的动词，"一"表示出发地。《说文》："之，往也。"现假借为代词或助词。
乎		乎 (呼气)	乎，呼的本字。甲骨文乎(乎)，像语气、声音上扬之状，"川"表示气声。借音作为语助词或放在动词、形容词或副词后。
者		者 (煮)	"火"像燃烧的木柴，"口"为器皿，本即煮字，后借音为虚词，另加"灬"造煮字。
也		也 (蛇)	金文也(也)，像蛇形，与"它"为同一字，其本义为蛇，后字形发生变异，分成也、它、虫三字，"也"字被借用为语助词、副词。

今字 (假借字)	图形	原字 (被借字)	原 义
其		(箕)	本为箕子之"箕",象形。可加双手持箕为"", "其"被借用后,另加形符"竹"造"箕"字。
它		(蛇)	金文它(），像蛇之形,为蛇的本字。后被借为代词,代表人以外的事物。遂增"虫"为形符,造蛇字。
而		(胡须)	古文中指胡须,颊毛。甲骨文而(），象形字,像人颔下的胡须。"而"被假借为代词、副词、连词、助词、语气词等,原意消失。
且		(祖牌)	甲骨文且(），象形字。像所供奉的祖宗牌位的形状,引申为"祖"。且被借用为副词、连词、助词等,遂用形声字法造祖字,以祭祀的供台"示"为形符,以"且"为声符,读音zǔ。
以		(耜)	以,为农耕具耜的本字,甲骨文以(），象形字,像耜之形,耜像今日之犁铧。后借为可以之以。
凡		(盘)	甲骨文凡(），本即盘（）的竖写,借为"凡"。另用形声造字法造盤(盘)字,以"皿"为形符,"般"为声符。
每		(美.女人)	甲骨文每(），像长发上插有发簪的女人,意为美,是""(美)的另一结构,借音为每。

五 假借造字法

今字 (假借字)	图形	原字 (被借字)	原 义
毋		中 (母)	毋，本即母字，甲骨文中借母为毋。表示禁止或劝阻，如：毋庸置疑。后为了区别于"母"，遂将母中两点变为一撇。
我		𠂂 (古兵器)	甲骨文我(𠂂)，古时一种刃上有齿的长柄武器，后已废，借音为"我"。
永		𣱵 (泳)	金文永(𣱵)，会意字，像人(亻)在水(氵)中游动，(彳)为示动符号，即现代之"泳"字。借音为永久之永。
求		裘 (裘)	甲骨文裘(裘)，本为裘字，像皮裘形，皮毛在衣(衣)外，后简化变异作求，借声为求。再以"求"为声符，"衣"为形符造裘字。
莫		莫 (暮)	甲骨文莫(莫)，像日(日)落草丛中，即"暮"的本字。也有作日落丛林中，如"莫"，会意黄昏日暮。后借"莫"作不、不要、勿等讲。
須(须)		須 (鬍鬚)	金文须(须)，像人有胡须的样子，借音为必须之须，另用形声法造"鬚"字。代表毛发的"髟"做形符，"须"为声符。

今字 (假借字)	图形	原字 (被借字)	原 义
朋		拜 (一串贝币)	贝为古代货币，用线串起，五贝为一朋。甲骨文朋(拜)，象形字，后借音为朋友、朋党之朋。原义因贝币的消亡而隐晦。
皇		堂 (煌)	金文皇(堂)，皇即煌的本字。"星"为灯的象形，上为灯头，下为灯座，"ᴗᴗᴗ"、"ᴗᴗ"表示灯上有光芒。灯发出光芒会意为皇。灯座又似王(土)，王兼做声符。
丧(喪)		(桑)	甲骨文喪(丧)，""本像桑树，"口"为采桑叶的筐类物，古人采桑以养蚕，借音为"丧"。
叟		(搜)	甲骨文叟，像在室(冖)内一手(又)持火把(屮)搜查，为"搜"的本字，借音为"叟"。男性老者为叟。
父		(石斧)	甲骨文父，像手拿石斧(丨)的样子，是"斧"的本字，持斧之人为男子，借音借义为"父"。
自		(鼻)	甲骨文自，本为鼻，象形字，借为自己之自。遂再用形声法造"鼻"字，仍以鼻的象形"自"为形符，"畀"为声符。

今字 (假借字)	图形	原字 (被借字)	原 义
風(风)		(凤)	因风不便象形，甲骨文中，以凤代表風(风)，或加凡( )为声符，为双声叠韵字。凤，古代传说中的神鸟，头上有丛毛冠，有似孔雀一样的钱状尾羽。
不		(花蒂)	甲骨文不( )，即花蒂的象形。借为不，做否定词。
無(无)		(舞)	甲骨文無(无)( )，像人双手持物，为"舞"的本字，后借声为無(无)，遂另在無下加双足" "造舞字。
白		(拇指.伯)	甲骨文白( )，像人的大拇指形，拇指居首位，所以引申为伯仲之伯(兄弟中排行老大为伯，依次为仲、叔、季)。假借为表示颜色之白。
黄		(佩玉名.璜)	甲骨文黄( )，像正面站立的人形，其腰际佩玉环。玉环本为圆形，因甲骨文契刻不便而刻成方形。古代贵族有佩玉之风，所佩之环即称黄，后来黄字假借为黄色之黄。
句		(钩)	句，即古钩字。甲骨文句( )，会意字，像两钩( )钩一物的意思，"口"表示一物。金文句( )，双钩钩连在一起，物在其下。句被借为句子之句，另造钩字。钩，古写作鈎。
乃		(乳房)	甲骨文乃( )，像妇女乳房的侧面形，为奶头之奶的初字。后来"乃"被假借做"是、才"使用，所以又用形声法造奶字。

今字 (假借字)	图形	原字 (被借字)	原义
孰		(熟)	甲骨文孰，会意字，本即"熟"。像一个人"⺈"拜于宗庙"⺈"前，有进献食物祭祖的意思。金文孰，"食"下增由人脚"止"，脚是从人体移位而来。孰被借为疑问代词，遂再增火造熟字。
余		(简易房)	甲骨文余，像一木柱"丫"支撑着屋顶"△"的房舍，为殷代的简易住房，借为第一人称代词我。现又为"馀"的简化字。
某		(梅果)	某本为楳(梅)的初始字，"甘"为甘果，即梅果，木结甘果为某。后某被借为代词遂另用形声法造楳字，木为形符，某为声符。现统一写作"梅"，酸梅与梅花之梅共用。
爾(尔)		(花草)	爾(尔)，花草繁茂的样子。金文爾(尔)，会意字。由三组花草"朮"组成，中有主枝，会意花繁叶茂为尔。现多借为代词，用于第二人称，相当于"你"。
己		(绳索缠绕)	甲骨文己，像绳索缠绕形，弗本义为矫正，绑以绳索"己"以矫正，中为被矫正之物。自己之"己"为假借字。
用		(桶)	金文用，即桶的初文，后被借为使用之用。用字初文为"用"，左像桶体，右像桶把手，金文演变为"用"。用与甬均为桶的本字，后分化为用、甬、桶三字。

今字(假借字)	图形	原字(被借字)	原义
因		(蓆褥)	因，茵的初文，茵为蓆、垫褥一类物。甲骨文因（），会意字，"囗"像蓆形，"大"为人形，一人躺在蓆上会意为因。后，因被借为因果之因。

附：特殊造字法

一、双声字

双声字是没有明确的形符，而只有两个相近的声符组成的字。如：旁、静等。还有一个特例是"嘏"字，既可以读"古"(gǔ)，也可以读叚(jiǎ)。

甲骨文旁（），双声字，凡（）和方（）均为声符，双声符相叠为旁。

甲骨文静（），双声字，青（）和争（）均为声符，双声相叠。

二、借声字

"口",在造字中,一是直接代表嘴的活动;二是代表口字形物体,或泛指物体;三是与嘴和物无关,是一个借声(借音)符号。口能发声,所以以口代表借此字的声,这便产生一个新字,如:可、哉、唯、何、吾、商、周、智等。

可,指古代曲柄斧之斧柄。

甲骨文可(𠀁),由斧柄(𠀁)和"口"构成,斧柄正是曲柄斧即斤(𠀁)去了头。"口"在此仅做借声符号或兼装饰性。"可"被借用为表示许可、肯定、能够、适合等。

哉,本为灾,由兵灾而会意。

甲骨文哉(𢦏),由戈(𠄌)和头(以发"𠂆"表示),会意为灾难。金文哉(𢦏),由戈、才构成,才(𠂇)为声符。后加借声符号"口"借音为语气词——哉,表示感叹或疑问。

吾,表示第一人称,代表我。

金文吾(𠱸),由五(𠄡)和口(𠙵)构成,"五"为声符,"口"在此为借声符号,表示吾为借五之声,做第一人称代词。

商

甲骨文商（𠔼），像双柱三足的觥，觥本即商字，为一饮酒器具，后为商朝之商所专用。作为酒具的商"𠔼"，本无"口"字，金文商（𠺑），增"口"为借音符号，表示借酒具之商为商朝之商。

智

金文智（𥎿），由箭（矢）、子（子）、口（口）组成，"𥎿"为疾，子（子）中矢（矢）得疾，疾加借声符号"口"借音为"智"。古音疾、知、智音同。

如

甲骨文如（𡚶），由女（女）和口（口）构成。"女"像一双手反绑的人，意为被俘后的奴隶，即"奴"，口为借声符号，奴借声为如。

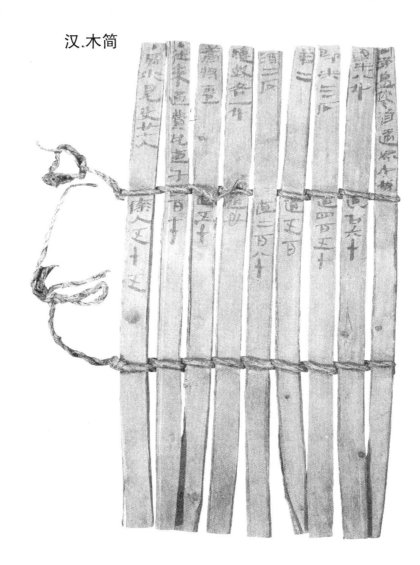

汉.木简

简帛书 是汉代盛行的书体，距今已有两千年左右的历史。在竹片上写的字为竹简，在木片上写的字为木简。"牍"比木简要宽，可写多行字，称木牍。竹简与木牍合称"简牍"。帛是丝织品，在帛上写字称帛书，帛书与简牍书风格大体相近，帛与简牍是汉代两种不同的书写材料，简书与帛书又合称简帛书。简帛书多为西汉时期的遗迹，是汉字由篆书向隶书转变的一种书体，至东汉碑风大兴，隶书已达到完全成熟，通称"汉碑"。

图为在甘肃北部额济纳河流域(古称居延)发现的汉代木简。

第三编 古文字的演变

汉字从诞生到完善，经历了漫长的发展过程。五六千年前新石器时期半坡、姜寨等仰韶文化遗址陶片上发现的记号，已具有文字的性质。商代，甲骨文已经以比较成熟的形态通用于我国中原一带，至今已有三四千年的历史。

这数千年社会发展史，也是汉字发展史。数千年间沧海桑田，文字也是几经脱胎换骨，才形成今日的面貌。

从汉字的发展过程看，是由具象到抽象，从像某物某形，笔划逐渐简化、概括，或由复线变为单线，由曲线变为直线，由多笔合为一笔，逐渐脱离了象形，变为抽象符号。如：戈字，金文(一)戈(），象形，突出戈锋，如图画；金文(二)戈(），戈锋呈双线勾勒；金文(三)戈(），戈锋变为单线，戈柄逐渐缩短；小篆戈(），只注重线条和结构的匀称与美化，不注重形似；隶书戈(），已完全失去象形的意味，变为抽象符号。

从汉字的书写工具看，从利刃到软笔，由用力刻兽骨、龟甲到用毛笔书写在帛和纸上。由于书写工具的变化，带来线条的变化。甲骨文只宜刻直线；而到金文，制作陶范浇铸文字，则适宜用曲线；至小篆，大量采用圆匀的曲线；因不便书写，至隶书、楷书又改为直线、折线。但这时的直线与甲骨文直线完全是两种不同质量的直线，后者已经有了轻重、顿挫、曲折、提按等富于美感和装饰的线条，从"子"的演变过程可见一斑。甲骨文(一)子(），像一个婴儿，除大头外，只有两只小腿，字形完全用直线刻出，亦不生动；甲骨文(二)子(），幼子头部刻成"口"形，双臂亦刻成直线；金文(一)子(），头部写成圆形，填实，小臂很生动；金文(二)子(），幼子头部刻成圆形；小篆子(），子头写成扁圆形，双臂呈曲线；隶书子(），子头写成三角形。

随着社会对汉字书写功能的要求和审美的发展，汉字的字形也从甲骨文的相对随意，至金文的圆(笔划围绕字的中心)，至小篆的长，至隶书的扁，再至楷书的方。字体的笔划也随着字形的变化，或伸展或收敛。以"從(从)"为例：甲骨文從(从)(𣥂)，像两人在道路上相从；金文從(从)(𢓜)，道路"彳"和止"止"均围绕双人，字形呈圆势；小篆從(从)(𨑢)，纵向舒展呈竖式；隶书從(从)(從)，字形从竖式变为扁形，向左右舒展；楷书從(从)，字形呈方形。

随着人们对汉字创造和认识的不断深化，汉字的结构也大体经历了由简到繁，再由繁到简的过程，其间穿插了无数次的分化、变异乃至讹变。这些变化大多是合乎情理的，也有不合乎情理的，但都是汉字历史发展演变的必然。

本章就汉字演变过程中，几种比较普遍的现象加以解读，以利于读者灵活认识汉字的发展规律。

一、分化

古文字在发展过程中，由于语言的繁杂，字的数量不敷使用，常有一字分化成数字的现象。分化的原因，多是由于造字过程中产生的异体字，经过变形、引申，孳乳出相关甚至不相关的一组字来，这种分化的方法，也是造字的一种技巧。在古文字中常发现两字或数字同源，字虽同源，却各具其义。

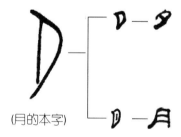
(月的本字)

夕，太阳落的时候，傍晚日落月出，卜辞中，借月为夕，后来在月中不加短竖为夕，以区别于月。

夕、月同字，金文加短竖为月以区别于夕。

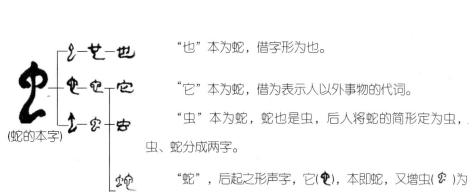

"也"本为蛇，借字形为也。

"它"本为蛇，借为表示人以外事物的代词。

"虫"本为蛇，蛇也是虫，后人将蛇的简形定为虫，虫、蛇分成两字。

"蛇"，后起之形声字，它(㐌)，本即蛇，又增虫(虫)为形符。

本为事，借音为史。

本为事，借意为吏。

本字即事。

本为事，借音借意为使。

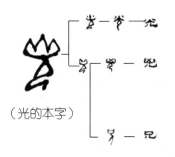

头上有火，借火意为光。

本为光，头上有火借意为兇。

本为兇，简化后借音为兄。

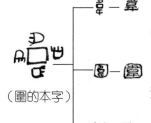

本即圍(围)，双脚(止)在城两侧，引申为背离，即韋(韦)。

四止(𠙴)对敌城，本即圍(围)。省去左右两止(脚)又加城池范围线"囗"，变为圍(围)。

四止(脚)对我城，则为衛(卫)。后又省去左右两止，加街道(彳亍)，仍会意为保卫之衛(卫)。

(濡的初字)

水浸湿为濡。甲骨文 大，本为濡的初字，像一个正面站立之人（大）在沐浴，身上小点为水滴，后演化为濡。

金文仍是人形，身上有水滴。周代金文增雨（雨），讹作"需"，后世借为需要之需。

上古人们奉行祭礼之前，司礼者须沐浴斋戒，以表虔诚，所以后世以沐浴者称为"需"，是司礼者的专用名，并增人（亻）做形符，构成新的形声字"儒"。

(育的本字)

毓，像女人（母）生孩子（子）的样子，"点"为刚出产门的婴儿头朝下，小点为羊水。

毓简化为育，由头朝下之子（古）、肉（月）体构成，简化省去了"女"。

由人（尸）变异为"戶"，子简写成"口"。孳生为"后"，皇后之后。

二. 繁化

文字在滥觞时期，经过漫长时空的反复推敲，几经变化，才逐步完善。繁化便是这变化中的一种。造字者当初将某些字写的很简单，他人和后人又觉得此字可能因属性不清，不易被人理解，而增加一个符号，如增声符或增形符，使字义越来越明晰。这样的字虽然表义清楚了，字形却越来越复杂了。如"〇"，表示丝尽，本即"终"，引申一年之末为"冬"，为了表示冬季寒冷，又增加两个冰点。为了表示终为丝到了尽头，再增加"糹"，经两次繁化，使"〇"繁化成"終"。一些字，流行到后来，书者已多不明原义，有人便再加一些形符、声符，甚至反复累加，使字形逐渐繁化，这样的字不乏其例。

鑿（凿）

鑿（凿），一是作动词用，一是作名词用，称鑿（凿）子。凿子是一种类似立刀的铁质工具，可以挖木成孔。甲骨文鑿（凿），像一手握锤"𣪊"敲凿子"▽"，会意为鑿（凿）。

甲骨文

古文鑿（凿），凿子"▽"下增一臼（𠙴），表示鑿（凿）出的洞孔，省略了打击符号"𣪊"，增形符"金"，会意"鑿（凿）"为金属工具，这里的凿子应为名词。

金

古文

盟文

盟文鑿（凿），由鑿（凿）子"▽"、鑿（凿）孔"𠙴"、手持锤"𣪊"和金属形符"金"构成。

小篆

小篆鑿(凿),在凿子"🕆"上加四点"🞧",表示反复击打的地方。

隶书

隶书完全承袭小篆的结构。鑿现简化为"凿",仍然保留了鑿的基本特征,即凿子"🕆"和凿开的孔"凵"。

出土西汉温酒炉

爐(炉)

甲骨文(一)

盧(卢),炉的初字,本为火炉之炉。甲骨文(一)盧(卢)(🞧),象形字,像火爐(炉)之形,上为炉身,下为炉足。

甲骨文(二)

甲骨文(二)盧(卢)(🞧),形声字,象形字"🞧"为形符,虎(🞧)为声符,造出第一代形声字。

小篆

因盧(卢)为器皿类,所以小篆盧(卢)(盧),又增皿(皿)为形符,第一代形声字"虐"为声符,演化为第二代形声字。

爐
隶书

因爐(炉)需生火,至隶书又增"火"为形符,第二代形声字"盧"为声符,创第三代形声字。炉字不断繁化,盧(卢)、爐(炉)亦分化成两个不同概念的字。

聽(听)

甲骨文

甲骨文聽(听)，会意字。口(▯)有所语，耳(𦔮)有所闻为聽(听)。口、耳会意为聽，简捷明白。

金文

金文聽(听)，将"耳"下写成一个人立于土之上的样子，即"𦔻"，"𦔻"由耳、人、土构成，后简化成为"𦔿"，又增加一"口"字。

小篆

小篆又增德(悳)字。本来只有耳、口构成的字，繁化为由耳、人、土、直、心五部分构成。

隶书

隶书基本承袭小篆结构。

出土的青铜器"爵"

爵

爵，古代一种铜制酒具。甲骨文爵，用线描钩勒出爵的形象，上有铜柱，中为爵体，下为三个爵足。

甲骨文

金文(一)

金文(一)爵用肥笔画爵形，边加一只手( )持爵。爵形生动而准确，这是摆脱了甲骨文刀刻不便的一个特色。

金文(二)

金文(二)又将面状写法改为线状写法，爵柱、爵体、爵足三部都有较大变异，这是将一个立体的物形，演变成抽象的线条文字的脱胎换骨的过程。持爵的手( )移至下方。

小篆

小篆又加鬯( )，意即爵内盛的为鬯酒(古代饮用的一种香酒)。

隶书

隶书爵，虽然爵柱、爵体、鬯酒、手四部分均在，但已失去象形。

鑄（铸）

甲骨文

甲骨文鑄(铸)，会意字，像双手( )持坩锅类容器" "，器皿( )上有火( )，以熔坩锅中的金属。

金文(一)

金文(一)鑄(铸)，与甲骨文结构类同。仍由双手、坩锅、火、器皿四部分构成。

金文(二)

金文(二)鑄(铸)，省去"火"加寿( )做声符。

金文(三)

金文(三)鑄(铸)，又加形符金(金)，意即所鑄(铸)为金属器。

逐渐繁化的过程使鑄(铸)字难以书写，至小篆，弃会意为形声，以金(金)为形符，寿(寿)为声符。

小篆

隶书鑄(铸)字的结构与小篆相同。

隶书

疆

甲骨文

疆，疆界。

甲骨文疆，为两个田(田)形，表示田与田之间为疆界。

金文(一)

金文(一)疆，田之间增疆界线"二"，更是着意强调田之间的疆界。

金文(二)

金文(二)疆，增弓(弓)，弓在古代可以用来丈量田地的疆界。

小篆

小篆疆，增"土"，说明此疆界为土地的疆界。

三. 简化

古文字在发展过程中，是不断在变化的，简化同繁化一样，便是文字演变过程中的现象之一。文字源于物体的本象，由本象变为图形文字，在这一过程中始创者会尽心把图像刻划地准确些、细微些，以防他人不识。复杂的图形文字给书写带来诸多的困难和不便，于是待到很多常用字已被大家认可、熟悉，书写者为了书写方便而试图将复杂的文字简化，这是其一；其二，原本为象形字，为了防止他人不识，再增加一个声符，或原本为会意字，为了防止他人误解，再增加一个义符，如此越增越多，复杂到难写的程度，便会寻求简化的途径，于是简化便成为文字发展过程中的必然。由繁到简，从具象到抽象，从面状到线状的演变，便是古文字发展中的特点之一。

戎

图形文字

甲骨文（一）

甲骨文（二）

图形文字戎，像正面站立的武士，一手持戈（ ）一手拿盾（ ），会意为戎士、兵士。

甲骨文（一）戎,逐渐将人形瘦化，将戈简化，仍为正面人形。

甲骨文（二）戎,省去人形，只留戈与盾牌，仍可会意为军事，即戎。

戎
金文

金文戎，将戈盾组合在一起，盾变化作"✝"。"✝"与金文甲(✝)十分相似。

戎
小篆

小篆戎，将盾(✝)讹变为甲(甲)。进一步将结构和线条美化。

戎
隶书

隶书戎，仍保持戈、盾的基本要素，已十分简化，但"盾"已严重变形。

具

图形文字

图形文字具，像一人()手捧盛有食物的鼎(♯)，鼎为古代煮肉和盛肉的炊具，所以后世把盛食物的器皿皆称具。

甲骨文(一)

甲骨文(一)具，人形、鼎形皆简化，仍呈一人手持鼎状。

甲骨文(二)

甲骨文(二)具，将人形已省略，只用双手()捧鼎(♯)代替。

金文

金文具，将鼎讹化作贝(貝)，贝与鼎字形相近，贝仍为鼎的含义。

小篆

小篆具，将鼎进一步讹化成"目"，在简化过程中象形的要素逐渐减少。

隶书

隶书具,将"目"与双手连在一起,鼎已完全失形,且双手也简化成符号了。

奚

甲骨文(一)

奚为古代奴隶,甲骨文(一)奚,像一个反绑双手的人(💥),头带绳索(8),被两只手(⋎ ⋏)捉住。

甲骨文(二)

甲骨文(二)奚,将头形简化成线条,仍为头带绳索。省略了牵着绳索的双手。

金文(一)

金文(一)奚,将侧面人写成正面人(大),其义不变。头上带绳索。

金文(二)

金文(二)奚,结构大同,正面人形,有一手(⋎)牵头上的绳索。

小篆

小篆奚,定格在由手(爪)、绳索(糸)、人(大)三要素构成。

隶书

隶书奚,与金文(二)奚(🖐)结构相同,"大"仍为正面人形,人头上有绳索,绳索上有一手(爪)牵着。

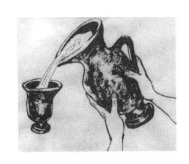

易

变更、交换为易。甲骨文(一)易，像双手拿一个酒杯""向另一个酒杯""倒酒的样子，会意为赐予，从一个杯中倾倒另一杯中引申为更易。

甲骨文(一)

甲骨文(二)

甲骨文(二)易，省略了两个酒杯和捧杯的双手""，酒杯简化为一个杯把儿()和酒水""。

金文(一)

金文(一)易，将原本两个酒杯简化成一个酒杯""，内有""为酒，仍有倾注的意思。

金文(二)

金文(二)易，杯把儿的空隙中又增一点，此点本无意义，只可看作是一个装饰符号。

小篆

小篆易，将杯把儿讹写成"日"，将三滴酒讹化为像兽足，有人误以为"易"是蜥蜴之蜴的初文。

隶书

隶书易，承接小篆，完全丧失了图画的象形，变成了抽象化文字。

漁(渔)

甲骨文(一)

漁(渔)即捕鱼。捕鱼方式很多，所以甲骨文漁(渔)字构形亦多。甲骨文(一) 漁(渔)，像数条鱼( )在水中游动。会意"渔"不是单独的一条鱼，而是水中很多要捕获的鱼为渔。

甲骨文(二)

甲骨文(二) 漁(渔)，由一网( )、一鱼( )、双手( )构成。像以网( )捕鱼的意思，也是漁(渔)字的一种结字形式。

金文(一)

金文(一)漁(渔)，像双手( )捕鱼( )形，鱼在水( )中。

金文(二)

金文(二) 漁(渔)，双手捕鱼，鱼为象形，描写惟妙惟肖。

小篆

小篆漁(渔)，仍保持两条鱼在水中形。鱼尾讹变为火。

隶书

隶书漁(渔)，由鱼和水构成，会意一鱼在水中为渔，最简练，鱼尾讹变成火(灬)。

召

甲骨文(一)

甲骨文(一)召，像双手( )拿着酒勺( )取酒( )，表示主宾相见，即招待来客之招(召)。" "为放置酒尊的温酒炉。

甲骨文(二)

甲骨文(二)召，将酒( )和口( )合二为一，以"口"表示，"口"代表饮食器皿，" "为温酒炉。

金文(一)

金文(一)召，结字各要素不变，除有双手、酒勺、口、酒、温酒炉外，又增加肉( )以示招待。

金文(二)

金文(二)召，终因结字太繁杂，而舍去双手、酒尊、酒炉，只留一酒勺" "和一口，仍可会意舀酒以招待客人之意。

小篆

小篆召，酒勺讹写成"刀"，兼做声符。

隶书

隶书召，结构与小篆同，现借为号召之召，另加"扌"造招字。

四. 异化

　　古文字本是随物象形，后来人们逐渐对原物失去了理解，而在传写过程中不断脱离原形，甚至写出一些与原形不相干的笔划来，或肢解了原字形。如奔，本为一个奔跑的人（大）下加三止（止），止便是脚，会意奔跑快速。小篆将三止讹为三草（艹），写作奔，成为人在草上，使后人大惑不解。讹混的现象莫过于来与麦，麦本为来字，来本为麦字，张冠李戴至今，再想调换过来已不可能。文字的发展演变是必然的，但异化甚至讹变则使字的原形、原义变得晦涩。

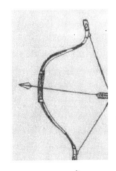

射——将弓变身

甲骨文

甲骨文射（ ），会意字，由弓（ ）和矢（ ）构成，矢(箭)在弓上会意为射。

金文（一）

金文(一)射,加手（ ），以手挽弓射箭。

金文（二）

金文(二)射，弓逐渐讹变为身 ，手本在矢(即箭)上，也已脱离，成为在身后。

石鼓文

石鼓文将弓变异为" "，成为非弓非身。

小篆

隶书

小篆将弓讹写为身，本来弓、矢为射，讹变为身、寸（手）为射。

隶书承袭小篆的结构，将错就错。

般——由盘变舟

甲骨文

甲骨文般（?），会意字，像一手持一工具"?"在制作盘"?"，会意为般，般为盤(盘)的初字。"?"后演变为"凡"。

金文（一）

金文(一)般，盘形（?）逐渐变异为近似舟形"?"。

般
金文（二）

金文(二)般（?），彻底将盘（?）讹变为舟（?），与本义已不相通。

般
小篆

小篆般，承袭金文结构。本为手持工具所制为盘，盘即凡(?)，变为所制为舟(?)。

般
隶书

隶书般，结构与小篆相同。字形已失去般（即盘）的会意，字义也假借为"一般"之般。

服——由盘变月

甲骨文

"╞"是盘的象形字，后作"凡"。甲骨文服（╞）,会意字，像一只手（彐）按着一个跪着的人（卩）在盘（╞）前，会意为服事之服。

金文(一)

金文(一)服，盘"╞"的形状逐渐变异，趋向于舟（月）。

金文(二)

金文(二)服（服），已将盘"╞"讹作为舟（月）。

小　篆

小篆服，将盘"╞"彻底变异为舟（舟）。

隶书

隶书又将舟讹变为"月"。

朕——由舟变月

甲骨文

朕，舟的缝隙为朕，舟不能有缝隙，有缝隙便易出事故，所以事故苗头为朕兆。甲骨文朕（朕），会意字，像双手（廾）持一器械"丨"以修理舟（月），会意舟有了缝隙为朕。

金文

金文朕，与甲骨文结构相同，舟（月）已有变形。

小篆朕，将双手持的工具"丨"变异为双手持火(火)。

汉简朕，将舟逐渐变为"月"，似舟似月。

隶书将舟"月"完全讹变为月，将"灬"讹变为"关"。朕，秦以前泛指"我"、"我的"，自秦始皇起，专用作皇帝的代称，这个意义上的朕即为假借字。

若——由手变草

甲骨文若( )，象形字，像一个人跪着梳理长发使其通顺，所以"若"有顺的含义。

金文(一)若( )，将双手均讹变为草"艹"，人形和长发演变成" "。

金文(二)若，人形" "已嬗变为" "，又增加"口"字为借声符号。

小篆则彻底将双手写作草"艹"，将长发、人形加口写成右( )，完全失去了象形的本义，若字与"草"本无关系。

隶书

隶书的结构与小篆相同。

萬(万)——钳爪变草

甲骨文

甲骨文萬(万)，即今日的蝎子，横写可作"⟨图⟩"，象形字，中为蝎身，前为蝎钳，后为蝎尾，蝎尾向上卷曲。

金文

金文萬(万)，仍保留了甲骨文象蝎之形，蝎尾部加了一只手"⟨图⟩"，意为以手捕蝎。

小篆

小篆萬(万)，在萬(万)字下方将手曲化，左右对称，已失去手和臂的象形，使后人不明蝎下为何物。

隶书

隶书萬(万)，将蝎钳讹变为草（⟨图⟩），蝎身变异为"田"，彻底失去了蝎的形象，后人只知此为数目字"万"，不知其本义原为蝎。萬(万)被借用为数目字千万之萬(万)后，另加虫做形符造"蠆(虿)"字，即毒蝎。

燕 ——燕尾变火

甲骨文（一）

甲骨文(一)燕( )，像展开翅膀的小燕之形，由头、翅、尾组成，简明、生动。燕子的主要特征是剪刀形燕尾。

甲骨文（二）

甲骨文(二)燕( )，燕头逐渐变异，增加了燕身、燕爪。但因比例不协调，已渐失燕子的生动形象。

小篆

小篆则将燕头讹变为"廿"，燕尾讹变为火( )，燕身变为口( )，燕翅变为" "，燕体各部逐渐分离，已与初形相差甚远。

隶书

隶书燕，虽然燕头"廿"、燕身"口"、燕翅" "、燕尾"灬"俱全，但分解离析彻底变形。燕尾变为"灬"，与蒸、煮、烹、煎放在了一个部首。

眾（众）——将日变血

眾(众)，殷代的自由民，从事农耕或征战。甲骨文眾

(众)(🝔)，会意字，像三人（🝔）在日（☉）下劳作的样子，这样的人会意为衆(众)。引申为众多、群众。简化字众，省去了日，仍为会意字，三人为众。

金文衆(众)(🝔)，将日讹变为目(⊟)，成为目下三人，三人日下劳作的含义便隐晦了。

汉简人上之日已演变为目(⊟)，三人也逐渐变形。

隶书又将目讹变为血(血)，本为日下劳作的三人也逐渐脱离了人形，向不同方向演变成不可识的符号"氺"。

來(来) 与 麥(麦) ——张冠李戴

从啬(🝔)的造字构成，可证明來(来)(🝔)即是麥(麦)。啬是收藏粮食的仓库，粮食以麦为代表，所以甲骨文啬(🝔)，由仓库(仓)和麦(🝔)构成。甲骨文来(🝔)，象形字，像小麦之形，本为麦字，不知何故"麦"变成了"来"。

由复(🝔)亦可证麦(🝔)为来。"来"与"复"的意思相近，所以造字方法亦相近，甲骨文复(🝔)由居住地"🝔"和倒止"🝔"构成，脚趾朝向自己，会意返回为复。甲骨文麦(🝔)，形声字，以止(🝔)为形符，麦(🝔)为声符。止即脚，"🝔"表示脚趾朝向自己，会意此人向自己的方向走，本为来字，不知何故，"来"变成了"麦"。

宜 ——肉案变房舍

出土的东周青铜俎

甲骨文

甲骨文宜（ ），会意字，" "为肉案，即俎，" "为肉，本像俎上陈列肉的样子。陈肉于俎上以祭祖，是一种祭祀的名称，祭土地神称"宜"。

金文

金文宜与甲骨文大致相同，仍为俎和肉构成。

古文

古文宜，" "中之且( )，逐渐分解成像房舍的" "。两肉( )之间去掉了横线。

小篆

至小篆宜，肉案" "讹变为房舍" "，内有肉，将两块肉简化为一块肉" "。

隶书

俎形" "变异为房舍" "，而俎上肉" "却重新变化成了"且"。

蔑——眉毛变草

甲骨文

金文

诅楚文

小篆

张迁碑

隶书

蔑，作消灭讲，引申为轻视。甲骨文蔑( )，会意字，由人"♀"和戈( )构成。人头用目表示，目上有眉( )，像以戈击人的样子，会意为蔑，即消灭。被击之人，其头写成眉，"眉"也兼声符。

金文蔑( )，目上眉毛逐渐变异，戈头伸长，戈柄缩短，已逐渐失形，但以戈击人之义仍然明显。

诅楚文，是战国时期秦国诅咒楚国的刻石，故名诅楚文。诅楚文较秦始皇时期篆书为早。诅楚文蔑，已将人头" "和人体" "分离，戈仍连着人" "，会意以戈击人。

小篆蔑，戈( )和人( )分离，成为戍( )，戍是以人持戈，是防守的意思，这里是以戈击人之义。

张迁碑蔑，目上眉毛逐渐变为草(艹)，但其与目紧连，戈下之人也大变异。

这是按照楷书的结构写的隶书，将目上的眉毛彻底讹变为草(艹艹)，这种写法几近于错，因为有些隶书的写法是不能用楷书的写法置换的，每个时期的字体和字形都是固定的。

愛（爱）——人头变爪

金文

小篆

爱(爱)

汉简

隶书（一）

隶书（二）

金文爱(爱)（ ），是由人" "和心( )构成。人是由扭头人" "演变而来，心在人的胸部。

小篆爱(爱)（ ），人腿下加了一止( )，止即脚，加脚之人( )与不加脚之人( )其义相同。

汉简爱(爱)，讹化为头( )、心( )、足( )三部分，已不见人身。

隶书(一)爱(爱)，承接汉简，将头和人身讹变作" "，下为心( )和止( )。隶书为扁方形，为了字形美观，将心和止变为左右结构。

隶书(二)爱(爱)，其结构与楷书已近。又将人头( )讹变为爪( )，将人身讹变为" "，完全丧失了象形的意味。

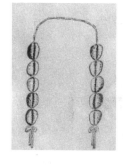

朋——将贝变月

殷代和周朝时期的人，以小贝作为饰品和货币，以贝作

甲骨文

为装饰品挂在脖颈上，类似今日的项链。贝又为古代货币，五贝为一系，两系为一朋。甲骨文朋，会意字，像两系小贝，因贝太小，故用短线表示。

图形文字（一）

周代的图形文字"朋"，像一正面之人颈上系两串小贝" "，贝的形状依稀可见。

图形文字（二）

像一侧面站立之人颈上挂两串小贝，贝的形状，虽有变化，但其寓义一致。

图形文字（三）

这是另一种青铜器上的图形文字，为一行走的人形，颈上挂两串贝。

图形文字（四）

为简化了的人( )，手提两串贝，所提两串贝即朋( )。

金文

金文朋，仍省去人形，只写两串贝。《说文》中无朋字，但有" "字，并解释" ，颈饰也"。" "即朋字。

汉隶

《尹宙碑》朋，逐渐将两串贝，写作似连在一起的双月，但多写作斜式，仍与"月"有区别。

现代隶书

现代隶书，彻底将双贝( )写作双月，与楷书写法相同。

貴(贵) ——农具变贝

甲骨文（一）

貴(贵)，本意是在田里耨草。甲骨文(一)貴(贵)，由双手"ㅌㅋ"和土"ㅇ"构成，土即代表田，会意双手在田地里劳作。

甲骨文（二）

甲骨文(二) 貴(贵)，由双手"ㅌㅋ"持一农用工具"中"，下为土"ㅇ"，会意双手持一工具在田地里劳作。

小篆

小篆貴(贵)，由双手和土演变为"𡿨"，农具"中"讹变为宝贝之贝"貝"，在田里劳作之意渐废，取而代之为宝贵(贵)之义。

隶书

隶书将双手讹变为"中"，会意之意完全消亡。

音序检字表

A

ai
哀 145
爱 493

an
安 218

ao
熬 159

B

ba
八 403、457
霸 391

bai
白 463
柏 338
败 281
拜 77

ban
班 205
般 485
版 200
半 404

bang
邦 213

bao
包 30
宝 208
保 7
报 289
豹 310
暴 388

bei
卑 453
北 457
贝 206
狈 304
备 11
被 147

ben
奔 111
本 432

bi
鼻 64
匕 182
比 7、441
笔 193
必 458
毕 243
闭 226
敝 282
婢 23
裨 147
壁 206

bian
编 153
鞭 329
扁 452
便 10
辨 263

biao
彪 403
表 146

bie
别 262

bin
宾 207
濒 368
鬓 73

bing
冰 370
兵 97
丙 455
秉 91
柄 342
并 10、14
病 45

bo
波 363
播 81
帛 148
驳 301
搏 80

bu
不 463

布	148	**che**		**chu**		此	105
步	105	车	239、416	出	382	次	135
		彻	90、181	初	146	**cong**	
C		**chen**		刍	450	从	114
cai		臣	59	雏	319	**cuan**	
才	334	辰	235	厨	216	窜	315
采	87	晨	236	楚	104	**cui**	
cang		**cheng**		处	310	崔	352
仓	225	成	267	触	330	**cun**	
cao		城	372	黜	47	皴	328
曹	199	丞	98	**chuan**		寸	84
草	334	承	98	川	361		
ce		乘	110	传	10	**D**	
册	194	**chi**		船	238	**da**	
厕	216	迟	121	**chuang**		达	116
cha		齿	71	窗	229	大	12
差	162	赤	396	床	192	**dai**	
chan		**chong**		**chui**		歹	45
蝉	324	舂	190	吹	36	逮	118
孱	19	虫	322	垂	374	**dan**	
chang		宠	314	**chun**		丹	384
尝	183	**chou**		春	388	单	274
常	149	畴	376	纯	154	旦	386
氅	331	丑	90	**ci**		弹	271
chao		丑(醜)	173	祠	251		
巢	341	臭	64	辞	287		

dao		定	220	E		fang	
刀	261	dong				方	440
导	86	东	457	e		芳	334
岛	353	冬	371	娥	26	fei	
到	263	动	133	er		非	443
道	56	冻	370	儿	39	匪	197
稻	345	dou		而	460	吠	303
de		斗	181	尔	464	fen	
得	85	斗(鬥)	100	耳	61	分	404
德	114	豆	171			氛	399
deng		du		F		焚	398
登	109	都	213			奋	320
di		牍	200	fa		粪	189
地	373	堵	374	发(發)	109	feng	
弟	458	杜	341	伐	8	丰	171
帝	441	duan		罚	242	风	393、463
dian		段	279	法	364、428	封	86
典	195	dui		发(髮)	73	凤	317
电	394	队	355	fan		奉	96
奠	174	对	86	番	445	fou	
die		兑	40	幡	276	缶	175
耋	32	dun		凡	460	否	66
ding		盾	269	反	358	fu	
丁	456	duo		返	117	夫	13
顶	53	多	326	饭	156	肤	327
鼎	179、418	夺	320	泛	368	麸	162

扶	80	盖	336	**gong**		**guan**	
弗	441	**gan**		工	244	关	228
伏	9	干	273	攻	280	观	38
㐸	20	甘	65	弓	270	官	134
孚	446	敢	299	躬	124	冠	150
服	486	**gang**		公	404	鳏	322
福	250、426	刚	262	龚	313	盥	170
斧	237	**gao**		肱	433	瓘	439
釜	176	高	231	宫	218	罐	176
甫	439	膏	327	恭	130	**guang**	
辅	240	羔	296	觥	175	光	396
府	216	告	65	共	97	广	215
俯	20	**ge**		**gou**		**gui**	
父	83、462	戈	263	菁	448	归	188
付	8	歌	36	**gu**		龟	315
妇	187	割	263	辜	287	鬼	47
阜	354	革	329	古	269	簋	172
复	109	格	342	谷	360、450	贵	495
腹	327	隔	358	骨	131	**guo**	
富	223	各	108	蛊	323	郭	214
赋	208	**gen**		鼓	254、284	国	379
		艮	454	故	283	果	339
G		**geng**		**gua**		过	117
gai		更	280	瓜	164		
改	280	庚	256	寡	220		
		耕	235				

H

hai
海	363
亥	446
骸	131

han
函	273
寒	219
汉	369

hang
| 航 | 239 |

hao
| 蒿 | 337 |
| 好 | 21 |

he
禾	343
和	255
合	69
何	8、458
河	365

hei
| 黑 | 47 |

heng
| 恒 | 128 |
| 衡 | 113 |

hong
弘	270
虹	324
鸿	318
宏	223

hou
侯	272
后	24
后(後)	108
厚	359

hu
乎	459
狐	306
湖	363
壶	417
斛	182
虎	308、411
户	228

hua
华	335
化	6
画	194

huai
| 怀 | 129 |

huan
还	119
环	205
寰	450
宦	61
豢	298

huang
皇	462
黄	463
璜	205

hui
毁	279
会	199
讳	139
海	139
惠	127

hun
| 昏 | 387 |

huo
豁	361
火	396
或	264、458
惑	127
货	209
获	305
祸	250
霍	319

J

ji
鸡	320
姬	25
基	372
箕	188
稽	56
跻	103
羁	242
及	83
吉	198
即	17
疾	44
棘	343
集	319
己	464
季	344
迹	120
既	37
祭	248
稷	345
冀	48

jia
| 加 | 132 |
| 嘉 | 254 |

夹	14	焦	158	竟	288			
家	221	角	256、330	静	465	**K**		
甲	455	**jie**		敬	281			
驾	300	皆	11	**jiu**		**kai**		
jian		节	347	九	457	开	227	
奸	46	解	330	酒	173	**kan**		
间	227	介	5	臼	190	侃	9	
艰	49	戒	95、264	咎	9	**kang**		
监	168	藉	235	救	283	康	257	
兼	92	**jin**		**ju**		**kao**		
柬	404	巾	147	驹	300	考	30	
见	37	斤	236	居	18	**ke**		
建	122	今	68	掬	89	可	466	
荐	337	金	202	矩	245	克	41	
鉴	204	尽	169	巨	244	客	221	
谏	140	堇	49	句	463	**kong**		
jiang		烬	398	具	96、479	空	381	
江	362	进	117	聚	32	孔	26	
姜	296	晋	273	**jue**		恐	126	
疆	377、477	**jing**		绝	152	**kou**		
匠	196	京	230	爵	475	口	64	
降	354	经	152	**jun**		叩	18	
酱	174	晶	392	军	240	寇	219	
jiao		井	383	均	373	**ku**		
交	13	阱	384	君	193	库	215	
教	282	竟	288	峻	352			

kuang				liao		炉	474
筐	196		li	料	161	鲁	321
狂	304	离	244	寮	440	陆	357
	kui	黎	163		lin	录	447
奎	16	礼	171	林	339	鹿	307
睽	58	里	375	霖	395	路	103
愧	129	里(裏)	145	临	60	戮	265
	kun	力	131	粦	446	麓	340
困	378	历(歷)	106	麟	308		lü
		历(曆)	389	廩	232	吕	453
	L	厉	359		ling	旅	275
		立	13	瓴	177	律	114
	lai	吏	84	铃	202	绿	153
来	490	丽	307	龄	72		luan
	lan	利	262	灵	395	乱	88
阑	228	鬲	180	陵	356		luo
	lang	栗	419	令	68	罗	242
狼	305		lian		liu	骆	301
	lao	连	118	柳	338	洛	363
牢	224	联	63	六	456		
老	30		liang		long		M
	le	良	454	龙	313、415		
勒	329	梁	160	聋	63		ma
	lei	量	389		lu	马	299、410
雷	395	两	181	卢	442		mai
耒	234			庐	216	埋	383

霾	395	昧	387	min		**N**	
买	242	魅	48	民	58		
迈	121	媚	71	皿	167	nai	
麦	161、490	men		黾	316	乃	463
卖	209	门	226	敏	283	nan	
man		meng		ming		男	375
曼	442	盟	170	名	67	南	457
mang		孟	28	铭	202	难	50
莽	336	梦	192	明	230	nao	
mao		mi		鸣	317	闹	100
猫	311	麋	307	命	69	nei	
毛	331	米	160	mo		内	405
旄	275	觅	38	末	432	neng	
矛	268	mian		莫	335、461	能	311
卯	453	眠	59	貉	310	ni	
冒	149	免	40	mou		逆	42
贸	209	娩	22	某	464	匿	196
貌	40	冕	149	mu		溺	368
mei		腼	74	母	21	nian	
枚	283	面	73	牡	136	年	343
眉	70	面(麵)	162	亩	376	辇	240
湄	71	miao		木	337	念	69
梅	338	庙	215	目	57	niang	
每	460	mie		牧	294	娘	24
美	14	蔑	492	慕	130	niao	
妹	22			穆	345	鸟	316、413

尿	19	**P**		瓢	164	启	229
ning				**pin**		起	111
宁	219	**pan**		品	198	气	399
凝	370	盘	169	**ping**		弃	189
泞	367	**pang**		平	442	契	261
niu		庞	313	瓶	177	**qian**	
牛	294、408	旁	465	**po**		千	456
nong		**pao**		坡	374	牵	295
农	235、422	炮	328	**pu**		前	107
弄	95	**pei**		仆	189	虔	309
nu		佩	148	扑	81	遣	135
奴	24	配	173	匍	20	欠	35
nü		**pen**		璞	205、427	**qiang**	
女	21	盆	167	圃	379	羌	41
nüe		**peng**		**Q**		强	271
虐	309	朋	462、493			墙	232
		彭	402	**qi**		**qiao**	
O		**pi**		七	457	敲	284
		皮	328	妻	22	乔	16
ou		羆	311	期	391	**qie**	
欧	35	辟	286	齐	451	且	460
殴	279	辟(闢)	227	祈	424	妾	23
		pian		其	97、460	**qin**	
		片	199	棋	341	侵	188
		piao		奇	15	亲	38
		飘	393	企	6	秦	191

禽	244	**que**		儒	472	**shan**		
勤	133	缺	176	濡	472	山	352	
寝	187	雀	377	汝	369	膻	297	
qing		**qun**		乳	27	善	296	
青	451	群	297	入	405	**shang**		
卿	18、172			**ruo**		商	467	
庆	308			若	487	觞	175	
磬	360	**R**				赏	207	
qiu				**S**		上	431	
丘	353	**ran**				**shao**		
秋	344	然	159、458			勺	183	
囚	378	**ren**		**sai**		少	377	
泅	369	人	5	塞	222	**she**		
求	461	忍	125	**san**		舌	70	
裘	144	刃	261	散	282	蛇	471	
qu		**reng**		**sang**		社	251	
区	197	扔	80	桑	338	舍	225	
取	61	**ri**		丧	462	射	86、484	
娶	23	日	386	**sao**		涉	366	
龋	71	**rong**		扫	79	**shen**		
去	13	戎	269、478	**se**		申	448	
趣	112	荣	340	啬	232	身	124	
quan		**rou**		**sen**		参	392、403	
泉	365	肉	326	森	340	神	250	
犬	302	**ru**		**sha**		沈	364	
		如	467	沙	365			

sheng		屎	19	述	121	饲	156
升	182	士	136	戍	264	嗣	195
生	371	示	248	束	339	**song**	
牲	295	事	274	庶	158	松	341
笙	347	视	38	**shuai**		颂	55
声	62	是	387	衰	145	宋	222
省	58	室	221	率	290	送	120
圣	62	誓	139	**shuang**		**sou**	
盛	168	**shou**		爽	16	叟	82、462
shi		手	77	**shui**		**su**	
匙	183	守	223	水	361	夙	391
尸	18	首	56	**shun**		肃	92
师	135	寿	31	顺	55	素	151
湿	366	受	88	**shuo**		速	118
十	430	狩	304	硕	55、360	宿	218
石	359	兽	303	**si**		粟	161
时	387	**shu**		司	66	**sui**	
实	220	书	194	丝	151	岁	268
食	69、156	叔	458	思	125	**sun**	
史	83	殊	46	斯	237	孙	27
驶	300	孰	94、464	死	46	笋	346
矢	271	熟	160	巳	29	**suo**	
豕	298、409	黍	163	祀	251	所	238
使	11	蜀	323	驷	301	索	290
始	25	鼠	315	寺	84		

T

ta
它 449、460

tang
汤 364
唐 257

tao
涛 367
陶 357

ti
体 131
惕 128

tian
天 12
田 375
甜 70

ting
厅 217
听 61、475
亭 231
艇 239

tong
通 116
同 198
铜 203

彤 402
童 288
痛 45

tou
头 53

tu
突 381
图 380
徒 115
土 371
兔 314

tuan
团 379

tui
退 120

tun
屯 441
豚 298

tuo
拖 79
妥 88

W

wa
瓦 177

wai
外 390

wan
万 456、488

wang
汪 362
亡 433
王 420
网 241
往 107
望 44
妄 25
忘 125

wei
威 267
韦 443
围 380
帏 148
违 119
为 312
唯 66
惟 128
尾 19
委 345
卫 112
畏 48

胃 327

wen
文 12
蚊 323
闻 62
紊 154
问 226

wo
我 264、461
卧 60

wu
乌 317
无 15、463
毋 461
吾 466
吴 67
五 456
午 190
武 107
舞 110
戊 266
物 294
务 268

X

xi
夕	470
西	457
昔	386
析	339
息	64
奚	480
溪	361
熹	159
习	331
袭	145
洗	367
徙	115
喜	198、254
系	290

xia
下	431
夏	421

xian
先	39
鲜	322
闲	228
贤	209
咸	266
显	54
县	57
限	357
陷	382
献	302

xiang
乡	214
相	59
香	344
享	231
响	141
饷	157
向	217
象	312、412

xiao
嚣	65
小	377
孝	31
效	282

xie
协	133
谐	256

xin
心	125
辛	286
新	237
信	9

xing
兴	99
星	392
行	112
幸	289
姓	23

xiong
兄	39

xiu
休	7
羞	90、295

xu
戌	266
须	54、461
需	472
许	138

xuan
宣	221
旋	276

xue
穴	380
学	28
雪	394
血	167

xun
熏	159
旬	89
讯	138

Y

yan
烟	398
延	122
严	67
言	138
岩	353
炎	397
颜	54
衍	113
甗	178
厌	302
燕	489

yang
央	15
殃	46
扬	78
羊	295
祥	115
阳	355

养	297	役	278	甬	443	虞	309	
yao		易	481	勇	132	舆	99	
尧	41	翌	332	用	464	与	99	
谣	306	翼	332	**you**		宇	223	
ye		益	168	忧	129	羽	331	
也	459	逸	314	幽	153	雨	393	
野	372	**yin**		犹	305	禹	324	
叶	335	因	465	游	276	语	139	
页	53	阴	356	游(遊)	121	玉	204	
夜	390	音	140	友	82	驭	300	
yi		殷	124	有	326	聿	193	
一	430	尹	92	酉	173	浴	365	
衣	144	引	270	又	81	裕	146	
依	144	饮	36、424	右	82	育	472	
宜	491	印	17	佑	250	狱	305	
遗	118	胤	405	幼	132	域	373	
疑	104	**ying**		**yu**		御	248	
彝	96	婴	210	于	459	寓	222	
乙	455	鹰	318	盂	167	遇	119	
以	460	盈	170	余	225、464	毓	28	
义	296	赢	208	鱼	321、414	**yuan**		
艺	94	影	403	渔	321、482	冤	314	
亦	431	**yong**		禺	454	渊	366	
异	48	庸	257	俞	445	元	39	
抑	79	永	362	愉	128	袁	316	
邑	213	咏	66	逾	120	员	179	

爱	447	宰	286	**zhan**		拯	383
原	358	再	321	占	65	政	281
远	117	在	375	战	265	**zhi**	
愿	126	**zang**		**zhang**		之	106、459
yue		葬	336	章	288	只	319
曰	433	**zao**		彰	402	执	93、289
月	389	凿	279、473	长	31	直	58
乐	340	枣	342	**zhao**		侄	25
岳	352	蚤	91	朝	390	止	105
钺	267	灶	381	召	483	旨	183
越	111	造	119	照	158	至	272
龠	255	**ze**		兆	452	志	126
yun		则	180	肇	229	炙	397
晕	388	责	206	**zhe**		陟	355
云	394	择	78	折	238	挚	77
匀	89	**zei**		哲	67	智	467
允	42	贼	207	者	444、459	雉	272
孕	27	**zeng**		**zhen**		**zhong**	
韵	141	曾	459	贞	179	中	431
		zha		甄	178	忠	127
Z		乍	444	振	236	钟(鐘)	203
		诈	140	朕	486	钟(鍾)	203
zai		**zhai**		**zheng**		终	152
灾	265、397	斋	249	正	106	众	32、489
哉	466	宅	220	征	114	重	43
载	241	翟	332	争	87		

zhou

舟	238
州	362
周	376
粥	180
帚	187
胄	150
昼	194

zhu

朱	432
蛛	323
竹	346
逐	116
贮	207
助	133
祝	250
铸	476

zhua

爪	87

zhuan

专	85
转	241

zhuang

妆	192
壮	136

zhui

隹	318
追	134
坠	356

zhuo

酌	184
浊	367

zi

兹	459
滋	364
孳	29
子	26
自	63、462
字	27

zong

宗	218

zou

走	111

zu

足	103
卒	144
族	275
组	152
祖	249

zui

罪	287

zun

尊	85

zuo

左	82
坐	374

结 束 语

汉字由造字之初到今天，由远古时代到科技高度发达的现代社会，历经数千年的演变，尤其令人痛心的是在文字的传承过程中出现过断代，致使大部分甲骨文至今不能解读。在已解读的甲骨文中，尚有少数甲骨文诸家的解释也不尽相同。这些将留待于古文字学家们去深层次地研究、探讨，还有待于考古新发现，将史料进一步地补充、印证。即便如此，个别字的正确解释将可能成为千古之谜。

本书旨在帮助读者明了汉字造字的基本规律，汉字各"部件"的基本属性，帮助读者正确地理解汉字、记忆汉字、书写汉字，如果能达到这一目的我就感到很欣慰了。

主要参考书目

[1] 徐中舒. 甲骨文字典 [M]. 成都：四川辞书出版社，1989.

[2] 陈初生. 金文常用字典 [M]. 西安：陕西人民出版社，1987.

[3] 李格非. 汉语大字典 [M]. 成都：四川辞书出版社，武汉：湖北辞书出版社，1996.

[4] 洪钧陶，刘呈瑜. 篆字编 [M]. 北京：文物出版社，1998.

[5] 徐谷甫，王延林. 古陶字汇 [M]. 上海：上海书店出版社，1996.

[6] 刘兴隆. 新编甲骨文字典 [M]. 北京：国际文化出版公司，1993.

[7] 许慎. 说文解字 [M]. 北京：中华书局，1985.

[8] 康殷. 古文字学新论 [M]. 北京：荣宝斋，1983.

[9] 徐文镜. 古籀汇编 [M]. 武汉：武汉古籍书店，1985.

[10] 陈建贡. 徐敏 简牍帛书字典 [M]. 上海：上海书画出版社，1994.